SPARKING SALES
Empower The Mind To Defeat Sales Anxiety

爆单思维做销售

头脑赋能拯救你的销售焦虑症

许 旭/著

中华工商联合出版社

图书在版编目（CIP）数据

爆单思维做销售：头脑赋能拯救你的销售焦虑症 / 许旭著 . -- 北京：中华工商联合出版社，2021.11
ISBN 978-7-5158-3181-7

Ⅰ . ①爆… Ⅱ . ①许… Ⅲ . ①销售－方法 Ⅳ . ① F713.3

中国版本图书馆 CIP 数据核字（2021）第 210536 号

爆单思维做销售：头脑赋能拯救你的销售焦虑症

作　　者：	许　旭
出 品 人：	李　梁
责任编辑：	于建廷　臧赞杰
封面设计：	周　源
责任审读：	傅德华
责任印制：	迈致红
出版发行：	中华工商联合出版社有限责任公司
印　　刷：	北京毅峰迅捷印刷有限公司
版　　次：	2022 年 01 月第 1 版
印　　次：	2022 年 01 月第 1 次印刷
开　　本：	710mm×1000 mm　1/16
字　　数：	220 千字
印　　张：	14
书　　号：	ISBN 978-7-5158-3181-7
定　　价：	49.90 元

服务热线：010-58301130-0（前台）
销售热线：010-58301132（发行部）
　　　　　010-58302977（网络部）
　　　　　010-58302837（馆配部、新媒体部）
　　　　　010-58302813（团购部）
地址邮编：北京市西城区西环广场 A 座
　　　　　19-20 层，100044
　　　　　http://www.chgslcbs.cn
投稿热线：010-58302907（总编室）
投稿邮箱：1621239583@qq.com

工商联版图书
版权所有　盗版必究

凡本社图书出现印装质量问题，
请与印务部联系。
联系电话：010-58302915

| 目 录 |

◆ 第一章
销售是最有激情的职业

勇者之心无惧焦虑 / 003

信誉给你足够的底气 / 006

销售就是要持续学习 / 009

热情不止给客户 / 013

◆ 第二章
爆单四大支柱之让自己发光

这样做你才能受欢迎 / 019

男女销售员的着装法则 / 023

爆单是准备出来的 / 027

扩展人际网络三式高招 / 032

勤练好口才 / 036

摆脱生气六妙法 / 040

学习机会无处不在 / 045

第三章
爆单四大支柱之了解客户

像了解产品一样了解客户 / 051

客户扮演的角色 / 055

激发购买就要投其所好 / 059

客户本质上都是自利的 / 063

提问做得好，信息少不了 / 068

第四章
爆单四大支柱之产品展示

不懂产品何谈爆单 / 075

介绍产品的 3 大要点 / 080

最有效的 7 个产品介绍方法 / 086

先把自己"卖"出去 / 091

引导客户说"是" / 095

让你的产品说出漂亮话 / 098

充分调动客户的想象力 / 102

第五章
爆单四大支柱之成交技巧

爆单的基础——双赢 / 109

影响客户成交的 3 种因素 / 113

不合理要求巧拒绝 / 117

让客户自己说服自己 / 121

成交之后应做的 6 件事 / 124

让自己和客户都紧张起来 / 128

每个客户都是"故事迷" / 132

三大手法助你快速成交 / 136

◆ 第六章
扫清爆单障碍之客户异议

客户异议"话里有话" / 143

精准识别客户拒绝真相 / 147

有效消除异议的 7 种方法 / 150

遇到暴躁客户不必怕 / 154

主动处理投诉和抱怨 / 158

用数据和案例征服客户的心 / 162

◆ 第七章
扫清爆单障碍之沟通无效

说客户听得懂的介绍 / 167

掌握 12 项倾听原则 / 171

把握客户心理，你的话才能"戳心" / 174

传统工具记事本的妙用 / 178

有"礼"走遍天下 / 182

正确提问，才能发现准确的需求 / 189

◆ 第八章

细节越小，订单越爆

不简单的售后服务 / 195

让竞争对手"跑不出自己的手心" / 199

极致细节服务让下单更轻松 / 203

用细节点燃销售热情 / 206

时间都是规划出来的 / 210

细心带来信心 / 214

第 一 章

销售是最有激情的职业

勇者之心无惧焦虑

  如果一个人的激情，无论在快乐还是苦恼中，都有保持不忘理智所教给的关于什么应当恐惧，什么不应当惧怕的信条，那么我们就因他的激情部分而称每个这样的人为勇敢的人。

——柏拉图

  销售是满足客户需求的过程，因为销售的产品特性或优点能给客户带来利益。它不仅促成了交换的进行，也实现了价值的传递。同时，销售更是勇者的事业，因为在销售过程中会遇到很多困难和艰辛。所以，作为销售员，我们首先要有一颗勇者之心。

  一支法国探险队在沙漠里迷了路，最可怕的事情是水也没有了。此时，如果走不出沙漠或者找不到水源，那么大家只能面对死亡。

  当大家对能否存活下去产生了怀疑时，队长告诉大家说："我这里还剩下一壶水，不过在没有穿越沙漠之前，谁都不许喝。"所有人好像又看到了希望，这壶水又把大家从地狱拉回了人间，水壶在队员手中传递着。

  一壶水，让死亡又远离了这支探险队，而这壶水也成了大家求生的寄托。但当探险队走出沙漠，彻底摆脱死亡之后，大家决定喝掉水壶的水来庆祝与死神擦肩而过。然而，打开水壶，所有的队员都惊呆了——水壶里流出来的不是水而是沙子。

从这个故事当中我们不难看出，对于绝望的人来说，只有出现新的目标，才会产生信念，从而获得希望，而坚持自己的信念，需要极大的勇气。

销售更是如此。因为销售行业是一个极具挑战性的行业，我们必须不断给自己设定新的目标，不断地坚守我们的信念，用我们的勇气去挑战路途中的艰难，只有这样才能成就自己精彩的人生，到达成功的彼岸。

一家规模很大的涂料公司准备扩张销售计划，便每个月招聘一名销售员，新员工必须先在办公室里学习商品知识和谈判技巧，然后跟着入行久的销售员去现场观摩，最后成功销售出一件商品，才能够成为该公司的正式员工。

某月，公司雇用了一名十分年轻的销售员。他非常努力，但经过前两个阶段的学习之后，当他得知只有成功销售出去一件商品才能成为一名正式员工时，却瞬间失去了信心。

这名销售员经过几次失败之后，似乎已经彻底失望了。在他决定放弃之时，销售经理接见了他，并真诚地告诉他："你能行，你是最棒的。"然后又对他说："我现在要把一个极其简单的任务交给你，你需要有勇气去敲开大街对面一个经常买我们东西的客户的大门，因为以前我也总是把新来的销售员安排到那里去销售。他无论什么时候都会购买我们的商品，不过，他是一个特别难缠的客户，他会对你大喊大叫，满嘴粗话，仿佛不愿意让你在他那里待上一秒钟。不过，他是一个心地善良的人，不会真的将你赶出门外。而你需要足够的耐心和勇气，听他讲完，然后告诉他说：'是的，先生，我明白。但是今天我给你带来的是本市最好的涂料，我想这一定是你最想要得到的东西。'无论他讲什么，你都要坚定你的立场，然后讲你要说的话。但你一定要记得，无论在什么时候，他都会向我们销售员订货的。"

这位被打足了气的年轻销售员立即叫开了大街对面老头的门。进入屋里，他报了自己公司的名字，然后他再也没有机会讲上一句话，因为那个老头不停地给他讲一些无关紧要的事情，一会儿教他某种菜的吃法，一会儿又教他如何钓鱼，一会又大骂让他离开这里。

他没想到眼前的老头满嘴脏话而且说话毫无边际，但还是按照经理的吩咐耐心地倾听并等待老头讲完。最后他说："是的，先生，我明白了。那么，这是本市最好的涂料，这样的好涂料，当然是您想要得到的东西。"在听老头讲了一个小时之后，那位年轻的销售员终于得到了第一笔订单。

当他喜滋滋地把订单交给经理时，他说："您说的关于那位老人的话没错，他是一个特别能唠叨，而且特别难缠的老人。不过他真的给我签订了货单。"

看到订单，经理有些惊讶。他知道，那位特别难缠、满嘴脏话的老头从来没有跟公司签过一笔订单！

毫无疑问，是勇气的力量让年轻销售员充满了信心，而在拥有信心的同时，又是勇气让他开口说："是的，先生，我明白了。那么，这是本市最好的涂料，这样的好涂料，当然是您想要得到的东西。"

现实中也一样，如果销售员初次遭到客户拒绝之后便没有了信心，失去了勇气，往往不会得到令人满意的收益。

在销售过程中，任何一个销售员都可能会连续几十次、几百次地遭到拒绝。然而，就在这几十次、几百次的拒绝之后，如果再也没有勇气敲开客户的大门，那么失败是唯一的结果。

每个人心中都有很多梦想，但梦想没有实现的主要原因是缺乏勇气，想为而不敢为，所以一事无成。在工作中，每个销售员都会经历许多害怕做不到的时刻，如果因此而画地为牢，只能使无限的潜能化为有限的成绩。

销售是勇者的事业，只有勇者才能接受挑战，战胜困难，实现自己的梦想。

信誉给你足够的底气

销售员要建立起良好的信誉，让更多的客户知道我们，了解我们的品牌，这样才能卖出更多的产品，获得更好的销售业绩，取得更大的成功。

查尔斯·福伯恩是国际信誉领域的专家，创建了美国信誉研究院，是美国国际企业信誉论坛的创办者。在一次国际会议上，他指出，良好的信誉是一种持久的竞争优势，在当今这个人们无比关注诚信的时代里，一个持久、可信的品牌是公司建立良好声誉的基础，任何国家、城市或企业都不能忽视对信誉的培育。

查尔斯·福伯恩指出，良好的信誉来自产品和服务、情感吸引、工作环境、社会责任、目标和领导层、财务业绩6个方面，缺一不可。例如，美国通用电气是美国信誉最好的公司之一，它拥有良好的信誉，不仅是因为它对广大投资者的持续高额回报，还源于其前任CEO杰克·韦尔奇充满个人魅力色彩的传奇人生。

同企业一样，销售员只有具备良好的信誉才能获得客户的信任，获得销售的成功。良好的信誉是销售员取得持续成功的基础，我们应该从多个方面提高自身素质，将成功的关键——良好的信誉放在销售工作的首要地位。

销售者要明白，良好的信誉是成功之路上最重要的财富。因为与资金、人脉等资源比起来，良好的信誉更加难以获得，同时，也更难以保持。所以，在建立良好的信誉时，有很多需要销售员注意的事情。

（1）接受异议并积极解决。建立良好的信誉，意味着在与人交往时，我们要时刻将他人的尊严和满意度放在心上。即使在售后阶段，销售员仍然要全心全意，并且能够接受客户与我们不同的意见。当遇到客户提出异议时，尊重客户并寻找一个可行的解决方案。想想怎样才能最好地扭转这种局面，去寻找解决方案而不是面对困难产生悲观情绪。

（2）将诚实、正直的品质表现出来。品行是个人信誉的基石，我们的行为以及我们面对障碍时的反应决定了我们声誉的好坏。时刻表现出诚实、正直，这将有助于在我们的关系圈中激发并产生积极的效应。

（3）珍惜别人的时间。时间是每个人最珍贵的财富之一，客户也不例外。通过比约定时间更早到达、准备合适的信息、让自己的言语准确表达自己的思想，我们不仅节约了客户的时间也向客户表达了我们的尊重。

（4）让别人有机会来评论我们。没有比别人的评论更能证实我们声誉的方法了。期待受到表扬，让我们的客户、销售商以及同事来评论我们的热情和贡献。

信誉可能并不会给我们带来实质性的利润，但是，信誉所能带来的影响绝不应该被低估，赢得了信誉，也就是赢得了人们的信任与尊重，也就意味着有越来越多的人会愿意与我们合作或者为了我们的商品而付钱。

通俗地讲，销售员可以通过以下3种方法，树立起良好的信誉：

第1种，换位思考，是说销售员要从客户和消费者的立场出发看问题，例如，在我们介绍产品时，要想一想客户是不是喜欢这种介绍方式。

第2种，突出正面效应，就是关注事态积极而非消极的方面，这样我们才能在工作中永葆激情。如果遇到一点点挫折我们就失去了进行下去的信心，那么永远无法取得良好的信誉。

第3种，使用非歧视性语言，是指销售员的言语中不以性别、身体特征、种族、年龄或其他任何标准为依据，不带有任何歧视。尤其是遇到身份比较特殊的客户，例如，残疾人、肥胖者等，一定要把他们当作是普通的客户去热情对待。

良好的口碑让我们广为人知。

口碑，是人类最原始的行销广告。口碑之所以能成为一种永远不会消失的传播方法，是因为它对产品信息的可信度和说服力有着不可忽视的作用。口碑传播的作用主要体现在以下两大方面：

（1）良好的口碑可以有效地开发新客户。行为专家发现，人们出于各种各样的原因，热衷于把自己的经历或体验转告他人，譬如刚去过的那家超市价格如何，新买电脑、汽车的性能怎样，等等。如果经历或体验是积极的、正面的，他们就会热情主动地向别人推荐，希望更多的人一起分享。一项权威调查表明：一个满意客户会引发8笔潜在的交易，其中至少有一笔可以成交；而假如经历是负面的，他们也会告诉别人，一个不满意的客户足以影响25人的购买意愿。"用户告诉用户"的口碑影响力可见一斑。

（2）良好的口碑容易缔结品牌忠诚。良好口碑能够赢得回头客，也是"反映产品及品牌忠诚度"的重要指标。老客户不仅是回头客，而且是品牌的活动广告。回头客的多少，客户流失率的高低，对企业的发展都有着举足轻重的影响。

口碑的作用如此强大，良好的口碑对于销售员来说，是一种高效、低成本的销售策略。销售员要从消费者的角度来提炼商品的概念和差异，从而在消费者的心中取得一席之地，赢得一定的口碑。

销售员为自己的产品和服务建立良好的口碑和信誉，最大的优势就是能够让自己的产品深入消费者的内心，建立品牌与消费者之间深度的连接及关联性，从消费者传递的口碑信息中去体验消费者对产品或服务真正的需求。销售员只要找到了这种需求，并以全新的角度去诠释，就可以使品牌之树长青，使品牌更具活力和影响力。

销售就是要持续学习

学会从失败中吸取教训。

——比尔·盖茨

我们常说："失败是成功之母。"其实，教训也可以说是经验之母。成功固然有经验可以总结，失败也有教训可以吸取。失败并不意味着浪费生命，它只意味着你有理由重新开始；失败并不意味着你应该放弃，它只意味着你要加倍努力；失败并不意味着你永远做不到，它只意味着你将要多花些时间；失败并不意味着你被抛弃，它只意味着你可能会得到一些更好的主意。做一件事情很难一下子就成功，往往要经历多次失败，从这一点看，教训总是产生于经验之前。只有认真地总结吸取教训，才能力争成功，得到经验。

不管我们愿不愿意承认教训，教训都是客观存在的。不敢面对教训的人其实是在回避挫折和失败。有的人遇到挫折和失败能较快地摆脱困境，从失败中吸取教训，总结经验，最终获得了成功。可是有的人一遇到挫折和失败就垂头丧气，心灰意懒，从此一蹶不振，少数人甚至走上了绝路。

瑞士的埃尔德集团，是全球最大的收银机销售公司。但在公司成立的最初几年，因销售员的消极心态，曾让公司面临溃败的窘境。

这一天，总裁查菲尔把公司的销售人员召集到一起，并把公司门口那个每天替员工们擦鞋的小鞋匠叫来。

"你擦一次鞋赚多少钱?"查菲尔和气地问,并把鞋子伸了过去。

"1法郎。"小鞋匠高兴地回答。

"在你来之前是谁在这里擦鞋?他为什么离开?"

"是一位叫北尔斯的男孩,他已经17岁了。我听说,他是觉得擦鞋无法维持生活而离开的。"

"那你擦一次鞋只赚1法郎,有办法维持生活吗?"

"可以的,先生。我每个星期给我妈妈10法郎,存5法郎到银行,再留下2法郎的零花钱。我想再干一年,就可以用银行里的钱买辆脚踏车了。"小男孩一边卖力地擦着鞋子,一边微笑着回答问题。

查菲尔说:"一个17岁的鞋匠在这里擦鞋无法维持生计,而一个9岁的小男孩除维持生计外,却还有节余。这是为什么呢?就是因为他们有着两张不同的脸。这也是我们销售失败的原因。如果对生活充满了希望和信心,面对客户总是脸带微笑,谁会忍心不给你回报呢?"

是的,成功与失败的差别只在心态。一个9岁的孩子,都能漠视困难的环境,积极销售他的乐观和自信,那我们呢?先生们,一时的困境并不可怕,成功的销售人员都是善于吸取教训的,你从失败中得到了教训,得到了启迪,得到了动力,这就是你的收获。

失败并不意味着你是一个失败者,它只意味着你尚未成功;失败并不意味着你是个傻瓜,它只意味着你有成功的信心;失败并不意味着你失去名誉,它只意味着你勇于尝试;失败并不意味着你一事无成,它只意味着你已经有所收获。

俗话说:"胜败乃兵家常事。"常胜将军是没有的。任何人一生中不可能总是一帆风顺,事事成功如意,总会遇到一些挫折和失败。教训是对挫折与失败的理性思考,它告诉我们的是"不该"。吸取教训,更加理性地分析产生问题的原因,从中寻找出带有普遍性的规律和特点,可以使我们对客观事物的认识更加准确深刻。

对任何事物，我们都必须作好两种准备，即"胜不骄，败不馁"，不断吸取和总结经验教训，为最后的成功铺垫台阶。教训既可以给遭遇挫折的人留下避免再次失败的路标，同时又可为他人留下前车之鉴。古今中外，有识之士无不从自己或他人的教训之中寻找良方，避免重复失误，从而获得成功。从这个意义上讲，教训同样是一笔可贵的财富。

在一个地产项目的销售队伍中，有一个小伙子是建筑工程专业毕业的大学生，他每次都能给客户解释得更清楚，但销售业绩却非常普通。经理经过观察交流之后，找到了问题的症结。

正如他所言，对于客户所提的所有问题，他总是从几个方面做出全面解释，但由于客户不是专业人士，往往对其所解释的某个方面又有疑问。于是再提问题，再解释，如此循环反复。他解释的问题越多，客户的疑问也随之越多，于是购买疑虑越多，也就越来越迟疑，决策周期越拖越长。在十分激烈的竞争环境中，客户的决策周期拖长，成交的可能性将大大减小，如果一旦遇到其他竞争对手的介入，客户就非常容易被其他项目吸引过去。

经过经理的点拨，小伙子找到了自己失败的原因，于是，静下心来琢磨改变销售策略，很快销售业绩大增。

俗话说："黑夜过去是黎明。"只要有太阳，总有晨曦显露的时候。把失败和挫折看成是成功和胜利的前奏曲，就能在跌倒之后爬起来，满怀信心地继续前进。当你战胜挫折，克服困难，最后获得成功时，就会领略到巨大的喜悦，这就是成功者与失败者心态的最大不同。

第一，成功的销售员知道学会做一件事情需要时间，有时需要成年累月的实践和改进。他们懂得，心目中的高山是不可能一天就爬上顶峰的。

第二，成功的销售员知道，学习不是一件容易的事，学习曲线反映的是一场接一场的斗争。在学习的道路上有挫折也有困难，但是坚持下去就能学会。

第三，成功的销售员遇到困难或者犯了错误的时候，会去努力解决和改正。他们知道，犯错误是积极进取过程的一个组成部分。成功的销售员以失败为师友，把失败当作获得信息的一个来源，这样便知道下一次应该注意避免什么了。从他们的失败中，你可以掌握工作上的正确方向，学习克服困难的办法，一举两得。

第四，成功的销售员也会一时不慎重犯他们本想改掉的老毛病，但他们会尽可能快地再改正，不在自责中停留，仍会不断地努力。了解这一点，你便不会觉得自己处处不如人，自卑感也会减轻而产生信心。

第五，成功的销售员始终着眼于最终的目标，并且集中注意力于尽可能直接而快捷地向最终目标前进。他努力不浪费时间，设法寻找捷径和节省时间的办法。当失误的时候，他从中学习能够取得的教训。他鼓励自己："我尽了最大的努力。"

第六，成功的销售员始终保持乐观和果断的态度，即便前途一片黯淡。他们懂得，取得成功可能需要成年累月的功夫，因而百折不挠。难题与挫折促使他们更加勤奋地工作。

因此，记得随时向充满信心的成功的销售员请教失败的教训，同时了解他们以何种方法来克服失败。明白他们现在的成功，也是建立在从前黯淡、失败的基础之上的。

热情不止给客户

现代成功学大师拿破仑·希尔经过数十年的研究，在他的书中归纳出最有价值的 17 条规律，其中第 10 条就是要充满热情。历史上没有任何一项伟大的事业不是因为热情而成功的。热情就像是人身上的发动机，让人时刻充满着不断进取的决心。热情对销售员更是不可缺少的，是销售成功的最基本的情感，没有热情就没有销售。

热情是销售员最重要的品格之一，据有关部门研究，产品知识在成功销售案例中只占 5%，而热情的态度能占到 95%。销售员只有满怀热情，才能在客户心中留下良好的印象，尽情地传递自己的热情，让客户觉得你比你的竞争对手更加热情奔放，积极进取。你的热情必将会给你带来许多销售成功的机会。热情是销售中不可缺少的调味剂，有销售的行为，就应该有热情的辅助。

（1）注入热情因素

人的情绪是会被感染的，你要想让客户接受你，就必须调动客户的情绪，要想调动客户的情绪就需要首先保证自己得拥有充满热情的眼神和感动人心的行动，这样才能让客户感受到你的热情。通过散发出来的热情感染客户，打动客户。

怎样才能让自己时刻保持热情呢？就需要给自己体内注入热情因子，可以从以下几个方面入手：

对自己的公司和产品充满足够的信心。人们总说要干一行爱一行，你既然选择了这家公司就要对自己所在公司的前景充满信心，不能总是抱怨公司没有给自己多么优厚的待遇和良好的工作环境，怨天尤人，悲情油然而生。

工作中处处有快乐。如果觉得工作缺乏趣味，就找机会多与不同行业的人交流，互相分享工作中的得与失，相信你一定能从中找到自己的乐趣。

为了更好地生活。如果你努力工作，你的业绩就会提高，收入就会增加，生活也就轻松许多。

（2）相信自己最棒

有些销售新手，不是对产品没有信心，而是对自身没有足够的信心。在这种情况下不妨参加一些销售课程、听听激励人心的语言，将自暴自弃的态度转化为奋进的动力，以乐观心态面对遇到的挫折。作为一个销售员应该禁得起打击，禁得起挫折，这样你的销售之路才会越走越顺。

（3）与热情的人为伍

在生活环境中和工作职场中寻找热情洋溢的人，向他们咨询保持充沛热情的要诀，并试着去尝试一下。情绪是可以相互感染的，和充满热情的人为伍时，你可以受他们的影响，也变得热情充沛；和缺乏热情的人相处时，不要受他们情绪的影响，要想方设法，替他们打气加油，恢复士气。处在充满热情的环境里，你也会变得精神抖擞，充满无尽的活力。

（4）热情过度会吓走客户

万事皆有度，销售员对待客户需要热情，但绝不能过度，过度的热情会让客户心理感觉没底，过度的热情会让对方感觉你的目的不纯，甚至对你的产品产生怀疑。还有过度的热情会让对方感觉亏欠你，出于对你热情的回馈，不得不接受你的产品，你越是热情这种想法就越强烈。

《三十六计》中的第十六计是欲擒故纵，原意是说要想擒住对方就要先故意放开他，使对方放松警惕充分暴露自己的弱点和内心真实的想法，再把他给捉住。作为销售员想顺利地推销自己的产品，热情应对是必不可少的，但热情应该适可而止，这样客户反而会对你的产品更加感兴趣。因此为了不让自己的热情灼伤客户，热情要有"度"：

　　关心有度。销售员与客户之间有利益关系，因此一定要把握好尺度。

　　举止有度。不要刻意采用某些意在表达热情的动作。

　　保持距离。人与人之间保持的距离和熟悉程度是有关的，如果你与客户的关系还没有达到熟悉的程度，一定要保持与客户之间的距离，以免引起客户的反感。

（5）把热情变成一种生活习惯

　　有一天，一位妇女走进吉拉德的展销室，说她想看看车来打发时间。她告诉吉拉德，她想买一辆白色的福特车，但对面福特车行的推销员让她过一小时后再去，所以她就先来吉拉德这儿看看。她还说这是她送给自己的生日礼物——"今天是我 55 岁生日。"

　　"生日快乐！夫人。"吉拉德一边说，一边请她进来随便看看。然后，他走出展销厅，向秘书交代了一件事情后又走了回来。

　　吉拉德与这位妇人聊天，正谈着，女秘书走了进来，递给吉拉德一束玫瑰花。他把花送给那位妇女："祝您长寿，尊敬的夫人。"

　　那位妇女非常感动，她说："已经很久没有人送我礼物了。刚才福特的推销员一定是看我开了辆旧车，以为我买不起新车，所以在我提出要看一看车时，他就推辞说需要出去收一笔钱，我只好上您这儿来等他。现在想一想，也不一定非要买福特车不可。"

　　最后，这位妇女就在吉拉德那儿买了一辆白色的雪佛兰轿车。

销售员应该时时提醒自己要保持热情,不仅是对客户要热情,更重要的是对推销工作、对生活和生命要热情。

心中开花,何时无春

第 二 章

爆单四大支柱之让自己发光

这样做你才能受欢迎

通常情况下，我们会欣然接受自己喜欢的人的建议，而对于自己讨厌的人，即便他们提出对我们有益的建议，那么我们还是会不乐意接受，甚至是产生怀疑。引申到销售中，如果销售员不讨客户的喜欢，那么想要推销出去产品，实现成交，简直是无稽之谈。

世界上最伟大的销售冠军乔·吉拉德就非常善于与客户建立良好的关系，正是由于这方面的原因，才为他迎来了大量的客户。

乔·吉拉德很擅长给客户发明信片。每个月他至少向自己的老客户寄去60000多张卡片，并且每月问候卡片的内容都在变化，但是卡片上正面打印的信息却未曾改变：I LIKE YOU（我喜欢你）。这让客户感受到乔·吉拉德是真心关心他的，既然你这样对待客户，那么客户还会对你无动于衷吗？这也是乔·吉拉德受客户欢迎的重要原因之一。

可以看出，凡是成功人士，都具有非凡的亲和力，容易博得客户的喜欢，赢得客户的青睐，让客户易于接受他们乃至是他们的产品。因此，对于销售员来说，做一个受欢迎的人，是与客户建立信任的前提与基础。客户只有在认同了销售员自身之后，才能接受并认同他所推销的产品以及提出的意见，这往往就意味着销售员已经成功了一半。

那么，在实际销售中，销售员应该怎样做，才能受客户的欢迎呢？

（1）让你的形象首先征服客户

日本销售界流行这样一句话：若要成为第一流的销售人员，就应先从仪表修饰做起。而美国最优秀的销售大师法兰克·贝格也曾说过："外表的魅力可以让你处处受欢迎，不修边幅的销售人员给人留下第一印象时就失去了主动。"可以说，给客户留下良好的第一印象，会让你的销售事半功倍，甚至是收获一锤定音的惊喜。

但是销售员一定要注意自己的穿着要合体、大方、整洁，并且还要与活动的环境、身份等相匹配，这会让你在与客户交流的过程中给对方留下良好的印象，并能增强你的自信心。同时举止一定要落落大方，合乎礼仪，还应该时刻注意自己的立、站、坐等体姿。好的形象加上得体的谈吐才会让别人有了解你的欲望，进而产生了解你产品的欲望。

总之，形象得体，言谈举止大方的销售员才会赢得客户的信任与喜爱。

（2）笑容可以拉近你与客户之间的距离

微笑如同一剂良药，能感染身边的每一个人。没有一个人会对一位终日愁眉苦脸、深锁眉头的人产生好感，能以微笑迎人，让别人也产生愉快的情绪的人，是最容易争取别人好感的人。

微笑来源于快乐，它常常是吸引客户的最有力武器。如果在与客户沟通的过程中，你面带笑容，那么客户就自然而然地会感受到你的热情。倘若销售员没有开朗的笑容，那么很有可能就会在客户面前的形象大打折扣。

微笑的作用很大，不但能够愉悦氛围，而且还可以是化解与客户之间隔阂的良药。但是这并不是意味着销售员应当时刻挂着微笑。对于客户质疑产品的质量或是公司品牌时，销售员就要以严厉的态度对待。否则面带微笑，只会让客户感觉你是在巴结奉承，那么自然而然就会提前结束你的销售。

销售员要注意，在自己微笑的时候，一定要真诚，发自内心。皮笑肉不笑，只会达到适得其反的效果。

随身携带一面小镜子，在敲开客户门之前，可以对着镜子保持微笑，觉得自然的时候，再敲门。

端坐镜前，衣装整洁，以轻松愉快的心情，调整呼吸自然顺畅；静心3秒钟，开始微笑，双唇轻闭，使嘴角微微翘起，面部肌肉舒展开来；同时注意眼神的配合，使之达到眉目舒展的微笑面容。如此反复多次，直到感觉自然为止。

打开你喜欢的书页，翻看使你高兴的照片、画册，回想过去幸福生活的片段，放送你喜欢的、容易使自己快乐的乐曲等，以期在欣赏和回忆中引发快乐和微笑。

（3）赞美也要有方法

有人说，赞美是畅销全球的通行证。的确，无数的成功案例表明赞美是博得他人好感和维系自己与他人关系最有效的方法，他能消除人与人之间的摩擦，拉近人们心灵的距离，让人与人之间充满和善与爱。

在销售中，也是如此。它不仅能够缓解尴尬的氛围，而且还能够让客户对销售员产生良好的印象，进而促进沟通的进一步深入。赞美到位，客户才会愿意接受。

赞美要发自内心，才能真正得到客户的信任与青睐。

找准客户的与众不同之处进行赞美，最有效。

不要一味引用赞美之词，这样只会让客户感到你很虚伪。

赞美客户的特点时，要与客户自身相结合，千万不要脱离客户，那么你的赞美将毫无效果。

赞美也要因人而异，千篇一律的赞美，只能是画蛇添足。

（4）对你的客户负责

客户就是上帝，换个角度说，客户就是销售员的上帝。为什么这样说呢？很简单，没有客户，就没有销售，销售员的业绩就无从谈起。因此，销售员一定要抱着一颗感恩的心，对待你的客户。

在销售中，很多销售员都是每天三更起五更眠，整天忙忙碌碌，但是结果往往却与自己的"勤劳"不成正比，这究竟是为什么呢？因为在他们心目中，始终想的只是自己的需求，自己的业绩，而从来不去考虑客户的需求。强行销售，只会让你没生意可做。

销售是一项双方互利的活动。营销不是为了自己的需求，而是为了客户的需求；营销也不是卖自己认为客户需要的东西，而是卖客户认为自己需要的东西。要知道任何一位受欢迎的销售员都会察言观色，从细节上洞悉客户的想法，进而实现自己的销售。

男女销售员的着装法则

外表的魅力可以让你处处受欢迎，不修边幅的销售员给人留下第一印象时就失去了主动。

——法兰克·贝格

心理学曾经做过这样的分析：一个人对另一个人的印象可以在20秒之内确定。印象分数的高低在这么短的时间里无法通过对方的内涵来评定，其依据只有个人的外在形象。

得体的衣着、巧妙的搭配，起到了举足轻重的作用。销售行业更是如此。穿戴整齐、干净利落的销售员更容易让自己的修养、气质和情操在第一时间直观地展示给客户。

销售员为了将自己的商品更好地推荐给客户，与客户的直面交流是必需的，所以衣着打扮成为言行举止的一个重头戏。那么在服装的选购和穿着搭配上有着怎样的法则，又应该在哪些方面加以避免才能够让销售员的形象看起来趋于完美，从而争取到更多的业绩呢？以下关于男女销售员的着装法则可供参考。

男销售员着装法则：

（1）服装外套

西装和正式的夹克为上选。颜色上最好以深色系为主，自然大方是关键，上衣过于宽松或窄小都会使形象大打折扣。西装选购的标准是质地优良、款式经典，以黑色、灰色、深蓝色为主，不适宜有方格。

除此之外，在西装的穿着中还有五个原则：其一，三色原则，即全身颜色不多于三种，通常是西装、皮鞋、袜子为黑色，衬衫和领带各为一种颜色；其二，袖子上的商标须拆除；其三，穿西装应和打领带相搭配；其四，注意西裤的长短，过长或过短都不宜，以裤管盖住皮鞋为标准；其五，袜子和西装搭配一定要得当，白色袜子和丝袜不宜与西装搭配。

（2）衬衣

衬衣是个不可忽视的细节，通常情况下白色为最佳选色，大小合身穿着才会舒服。选购时，应该挑选那种整体较为挺拔，塑形效果好的衬衣，尤其是领口部分最能体现出一个人是否注重细节，相信没有哪个客户在发现他的销售员衬衣领口褶皱不堪之后还会认为他干净整洁，因此切勿在衬衣的穿着上给人留下不好的印象。

（3）领带

领带是男士的一道风采，它最能够将主人的品位体现出来。对于销售员来说，工作中领带不应过于花哨，艳丽怪异的色彩会给人留下轻佻草率的感觉。比如说，当一个销售员佩戴的是一条粉色领带时，他的稳重气质几乎消失殆尽，更有可能留给客户女性化或花花公子的印象。选购领带时，建议选用中性色彩的领带，可以向售货员多加请教。领带的长度至皮带扣处为宜，最好不要使用领带夹。

（4）鞋子

"永远不要相信穿着脏皮鞋和破皮鞋的人。"这是华尔街至今为止仍然流行的一句话。可见，对鞋子的注重程度不够很有可能降低客户的信任度。

然而，鞋子却是很多销售员忽视的地方。他们为了业务整天东奔西跑，却穿着一双又脏又破的鞋子，这会留给客户你是一个风尘仆仆、急于奔命却又一事无成的人的印象。在皮鞋的选购上不一定是名牌，但一定要确保皮鞋完好无损并且干净鲜亮，这样能够将你良好的职业素养体现得淋漓尽致。

（5）袜子

这几乎是微小到将近看不见的细节，但对于销售员来说，越是细微越是不能轻视。白色袜子搭配西装和皮鞋是最大的禁忌，这不仅会让你的客户认为你是一个不成熟的销售员，更会将你在人际交往日常礼仪中的缺陷显露出来。所以务必选用深色的袜子，如蓝色、黑色、灰色或棕色等，与衣服相搭配即可。另外，袜子的长短也应该注意，不宜过短，坐下来之后，因为袜子过短而将小腿露出来是一件很尴尬的事情。

与男销售员相比，女销售员的服装会有更多的选择，如果从事的业务不是高端商品或金融商品，那么很正式的西服套装可以不必刻意穿着。但是这并不意味着女销售员在服装选购上可以紧跟潮流时尚。过于前卫的服饰会对工作产生负面影响，因此建议穿着大方简洁的服装，塑造比较中庸的造型。这样一来，无论客户的年龄有多大，都不会对你产生不利的影响，因为女性的循规蹈矩和端庄大方能够让她的信任度倍增。

女销售员的着装法则：

（1）服装

对于女销售员来讲，套装、套裙为上选，黑色、深蓝、灰色能够将一个人稳重的气质透露出来，因此通常被视为理想的颜色。裙装务必留心裙子的长度，一般情况下以在膝盖以下为宜；上衣领口处也需要多加留心，衣领开口不可太低，丝巾和内衬可以作为弥补的方法。内衣的颜色也是值得注意的细节，应确保内衣的颜色与外套协调一致，较大的色彩差别和过于暴露的内衣会给人留下不雅致的轻佻之感。

（2）衬衣

选择一件与西装相搭配的衬衣能够更好地将女销售员自信、细心的一面体现出来。颜色和款式应以保守为宜。白色衬衣不但永不过时，而且可以将女性的聪明和干练发挥到极致。衬衣的质地选材上也应多加留意，避免蕾丝花边和薄纱雪纺，建议选购穿着舒适的棉质衬衣。在夏季，女销售员可以在衬衣中多穿一件小背心，防止因透明度高而走光。

（3）鞋子

女销售员可以选择中跟鞋，这样能够将女性职业化的尊严体现出来。同时，中跟鞋质地结实，穿着舒适。鞋跟过高，走路时会因为需要小心翼翼而无法体现出自信；鞋跟过低，如平底鞋适合在休闲场所穿着，而在工作中应尽量避免。在色泽上应确保和整体服装搭配相协调，一般黑色和棕色是常用色。

（4）丝袜

在穿着西裤时，可以选择黑色或深灰色丝袜来搭配；而在穿着裙装时，肉色的长筒袜或连裤袜是上选。明黄色或玫瑰红色是女销售员袜子的禁忌颜色，因为它会带给客户不成熟、不稳重的信息，从而难以博取客户的信任。总之，无论袜子是与裤装还是与裙装搭配，都要避免脱丝、破损现象。所以女性可以随身另外配备一双丝袜，以防万一。

（5）首饰

简单大方即可。女销售员在与客户谈业务时，一定要避免因为佩戴首饰过多而发出叮当响声。夸张奇特或色彩夺目的首饰会分散客户在谈判中的注意力，也会降低自身的品位。所以佩戴首饰时，少而精为美，简洁的耳钉通常是不错的选择。

因为衣着打扮在销售中起到的至关重要的作用，致使男女销售员都应在着装上倍加留心，可以以这些着装法则为参考，时时注意、处处保持，最终形成好的习惯。

整洁、高雅的女销售员和大方、稳重的男销售员都能给客户以充分的信任感，顺利迈出业绩的第一步。毋庸置疑，关注着装、关注礼仪都是销售中的细节，而细节决定成败，所以成功的秘诀就是从细微处做起。

爆单是准备出来的

"凡事预则立，不预则废。"销售员在拜访客户之前，应该做好充分准备，这样才能更好地与客户进行沟通，达到成功销售的目的。

（1）做好周密的规划。

不打无把握之仗。在未做好周密的规划之前，销售员绝不应该去拜访客户。通常每星期要花上一半的时间来做规划，每天要花一个多小时的时间来做准备工作，在做好周密规划和准备工作之后，才开始去拜访客户和做销售业务。

我们应该在当天晚上就计划好第二天要做的事情，每个月底就应该计划好下个月要做的事情，每年年底就应该计划好明年要做的事情，并在明年的时候付诸行动把它全部完成。

订立目标、制定规划同样讲究技巧，目标的制订要合情合理，切忌流于形式。

一次，一位刚入行不久的年轻业务员请教公司里的销售主管弗雷迪："弗雷迪先生，你是怎样成为业界最顶尖的销售员的呢？"

"因为我会给自己定下远大的目标，并且有切实可行的实施方案。"弗雷迪回答说。

"那么，是什么方案呢？"

"我会将年度的计划和目标细分到每周和每天里。比如说今年定的目标是2400万美元，我会把它分成12等份，这样每个月完成200万美元就好了，然后再用星期来分，这下子你只要每个星期做50万美元就行了。"

"50万美元还是太大，怎么办？"

"是的，有多少人需要50万美元的产品？有多少人会愿意听你的话？今天下午你上哪儿做成这50万美元的大单？因此，我会把它再细分下去，把它分成7等份，分出来的数就是每天需要完成的签单目标。目标要定得够大才足以令你兴奋，接着再把目标分成一小块一小块的，这样它就会确实可行。"

销售员制定的计划不仅要具体可行，而且应把目标细分到每周、每天，要让自己在每时每刻都知道自己应该去做哪些事。目标高并不是问题，只要有健全的计划，你的目标就会变成"现实"。换句话说，你的目标必须安排在行动计划里，例如：我们决定今年的销售目标是240万元，那么每个月的销售就应该平均达到20万元。那么，为了完成这个业绩，接下来就要采取行动了。

首先，明确自己的销售目标。例如，根据以往的业绩，平均一家的销售额是2万元，如果要达成20万元的销售目标，就必须销售10家。

接着，要调查过去的销售资料。根据以往的销售经验，拜访5家才有1家成功的可能，这样一来，每个月必须拜访50家客户，平均每周12.5家，每天2家。但是，为了获得2家商谈的机会，应该把被拒绝的概率也计算进去，因此，每天必须拜访4家以上的客户。于是，"每天访问4家客户"，便成为每天的行动目标。

"目标"只是我们行动的原动力，成果光靠设立目标是无法实现的。如果不经过周密的规划，无论如何健全的目标，也无济于事。凡是成功的人都是立即行动的人。

现在就动手设定自己的行动计划：

①今年的销售目标；

②每月的销售目标；

③每月必要的商谈次数；

④每日必要的商谈次数；

⑤每月必要的访问次数；

⑥每日必要的访问次数。

（2）做精通商品知识的行家。

作为一个销售员，一定要成为自己销售物品方面的专家。

商品知识所涵盖的范围比较广泛，它是指销售一件商品所需要的各种知识。我们的商品知识懂得越多，工作起来就越有信心，在说服过程中也就越有主动权。一般来讲，应着重掌握以下几个方面的商品知识：

①商品名称。一位专业销售员所负责销售的商品从几种到数十种，甚至会更多，这些商品的正式名称、普通名称、简称、俗称等都必须牢牢记住。

②商品内容。熟知我们所负责销售的商品，同时还必须了解与该商品有关的知识，这样才能回答客户所提出的各种问题。

③使用方法。要熟练地掌握所销售商品的使用方法。无论什么商品都有说明书里没有涵盖的注意事项或使用要领，关于这方面的知识，作为一名专业销售员是必须知道并牢记的。

④商品特征。我们所负责的商品如果比同行的好，就更要清楚这一点，并把它们作为销售时的利器；反之，如果它比同行的差，也要特别认识到差别在什么地方，并事先研究出对策以应付用户就此问题所提出的质疑。

⑤售后服务。一位销售员若不履行与用户事先签订的服务承诺，就会遇到麻烦。有关售后服务，公司都有一定的规定，要正确无误地向用户送达。要做到这一点，则必须熟记有关规定。

⑥交货期、交货方式。如果合约到期却交不了货，给客户造成麻烦，他

一定会追究公司和销售员的责任。尤其是当对方要求在短时间内供货而生产进度跟不上时，更容易遇到这种情况。因此，平时应掌握库存、发货、生产周期等有关情况，不要签明知交不了货的合同。交货方式有直接从仓库交货、火车托运、船运和空运等不同方式。根据订货量的大小不同，其运送方式也不同，要清楚在何种情况下使用何种运货方式，并要清楚运费。

⑦价格、付款方式。要搞清楚公司规定的标准销售价和允许的降价幅度，同时也要清楚标准价和降价的关系。同时，付款方式也要熟记于心，是可以分期付款还是必须一次性付清？是可以通过信用卡付账还是要付现金？

（3）充分了解客户信息。

即使像乔·吉拉德这样顶尖的销售员，在做任何事情之前，也要做非常充分的准备，因为他们都知道：成功总是降临在那些有准备的人身上。

在与客户见面之前，把对方的情况了解得一清二楚，并且根据所有可以收集到的详细资料描绘出客户的形象，同时想象站在客户面前与客户谈话时的情景，如此演练数次之后，再去真正地拜访客户。对销售客户情况的了解，起码要达到在与准客户见面的时候已经完全摸清了他的底细，你和他犹如十多年的老友一样的程度。

销售员的岗位角色其实很像演员，必须预先背好台词，做过多遍的排练以后，才能够真正地站在舞台上，而不是随随便便地就上台演戏。一名销售员一定要意识到充分准备的重要性，等见到准客户时只要照着准备好的内容去做就可以了。这种准备工作甚至要我们从头到尾把每一个字都事先拟妥，等到与客户见面时，不过是把排练过的内容以最真实、最容易让人理解的方式再表演一遍。如果我们能够如此用心地准备自己的销售工作的话，那么就已经顺利地踏出了第一步。

在拜访客户之前，还要注意检查自己的仪容、仪表、精神面貌等，看是否合乎标准。并且，要自己在心里回答下列问题：在对产品知识的深入了解及判断中，哪种需求足以激发客户的购买欲望？产品对客户有何效益？产品如何才能派上用场？产品的价值在哪里？在价格上有何优势？能否带给客户保障？一系列问题，都要非常清楚并能融会贯通，灵活运用。除了对本公司产品、服务的了解外，销售员对竞争者也应该非常了解。对相关法律知识、票据知识、同行业知识等一般常识都要有所掌握。

扩展人际网络三式高招

销售员要想建立起庞大的客户关系网，不仅要学会如何搭建人际网络，而且要学会如何扩展自己的人际关系网。下面一些方法，是非常有效的。

（1）影响有影响力的人。

要想快速扩展人际网络，达成销售，就要影响那些有影响力的人物。因为有影响力的人通常会处于一个组织的中心地位，他们能影响一群人。我们影响10个有影响力的人，胜过影响一百个一般的人。比如药品销售员可取得医生的信任与合作——他们是病人的中心人物，而司机、教师分别是乘客、学生的中心人物，社会名流是追星族、崇拜者的中心人物。中心人物在一定的范围内都有较大的影响力和带动性，他们有着广泛的人际网络和较强的交际能力，他们信息灵通，与销售员有着密切的关系。

有两类人，销售员应作为重点去影响：一类是银行等金融机构的管理人员。这些人交际广，对企业界的情况了解比较透彻，对投资行情也十分熟悉。另一类是某一行业的经理人。他们行业熟人际广，有决定权，销售员应多交一些既熟悉行业行情又喜欢畅谈的经理朋友。

销售员选择一批有影响力的人之后，要经常与他们保持联系，通过各种途径争取建立起一种稳定、融洽的关系。比如，经常征询这些人对产品的意见，对他们的合作与帮助给与合理的报酬，赠送节日礼物，经常打电话问候，为最近所受到的善意帮助登门致谢，等等。

多影响这些有影响力的人物，让他们作为我们的客户见证，会使我们的影响力越来越大，使我们的业绩提升越来越快。

（2）请客户帮助推荐潜在客户。

曾经有一位初入职场的销售员拜访销售大师吉特默："您为什么取得如此辉煌的成就呢？"

吉特默回答："因为我知道一句神奇的格言。"

销售员说："您能说给我听吗？"

吉特默说："这句格言是：我需要您的帮助！"

销售员不解地问："您这么成功，怎么还需要别人的帮助呢？"

吉特默回答说："每当遇到客户时，我都向他们说：我需要您的帮助，请您给我介绍几个您的朋友认识，好吗？很多人都答应帮忙，因为这对他们来说只是举手之劳。数年之间，我的客户群就像滚雪球一样越滚越大。通过真诚的交往和不懈的努力，我才终于成为美国历史上第一位一年内销售超过10亿美元的成功人士。"

我们明白这样的道理：熟人介绍可以加快取得客户信任的速度，提高合作成功的概率，降低交往的成本，确实是一种有效积累人脉资源的捷径。

每一个优秀顶尖的销售员一旦确认和客户建立了良好友善的情感联系后，不论客户有无购买行为，都会适时提出期望，请他帮助推荐潜在客户。因此，在销售活动中，销售员要养成一些习惯性的话语，例如：

"如果有合适的朋友，麻烦您介绍给我，谢谢！"

"如果有需要这方面产品或服务的人，麻烦您告诉我一声，我很乐意为您和您的朋友提供服务。"

"我们今晚有活动，您可以带一些朋友一起过来。"

"您有这方面的朋友吗？能否介绍给我，让我们认识一下。"

多向对方表达几次我们的意思，使对方形成一种习惯性的思维，如果真有合适的人，他就会想起我们说过的话。

遗憾的是，很多销售员做完生意后从来不懂得让客户转介绍，无形中失去了许多潜在的客户。不管客户买不买产品，我们都要请客户帮我们转介绍。我们应该明白，经老客户推荐新客户，省心省力又可靠，并且经由不断地回馈与客户的友谊也会因此更加深厚。

我们一定要向客户提供物超所值的服务，甚至是别人无法想象的服务。原因很简单，我们的服务水平和工作态度决定客户能否帮我们转介绍。如果我们的表现、精神状态、工作能力等，能够获得客户良好的口碑，我们确实能为客户利益着想，则要求客户转介绍就不难获得响应。很多时候，客户害怕为我们介绍朋友是担心销售员和其产品给朋友带来麻烦，使对方不愉快，而影响友情，因此销售员一定想办法让客户能放心地为我们介绍自己的朋友。客户有时不会拒绝介绍他的朋友，但会叮嘱我们不得说出自己的姓名，这时销售员要小心审慎处理，避免惹出麻烦给客户造成不良影响。

如果销售员要求对方介绍客户而对方不肯，这时也不必强人所难，应该立即转换话题给自己找个台阶下。

如果成功拜访了客户转介绍的人，销售员最好能向当初介绍的客户报告进展情况，并致电感谢。这样一来，客户就会有一种强烈的成就感，他会乐于再转介绍，使他成为销售员的"客户来源中心"。

销售员经常询问每一位客户是否能够提供可能的准客户名单，将这个销售活动中的基本动作养成习惯，将它变成和客户闲聊中最自然的一句问话，由此扩大关系网络，我们就一定会成为销售的高手。

（3）尽量与更多的人见面。

一个人的成就取决于我们认识多少人和多少人认识我们。销售的成功秘诀之一，就是"见更多的客户，接触更多的人"。我们每天见到无数的人，可是却不知道怎样和他们认识。其实，认识陌生人的方式有很多种，其中坐电梯就是一个十分不错的方式。每天无数人都会乘坐电梯，通常在电梯上大家都一片沉默。我们可能会和一家公司的总裁同乘一部电梯，而片言不发。

但优秀销售员不同，他会充分利用乘电梯的时间来建立自己的人际网络。这十分值得我们学习和尝试。那么具体的做法是怎样的呢？

①注意观察谁走进来，或都有什么人在电梯里。在所有的乘客中，选择一个最佳的目标。

②通常用一句幽默的话或者一个有趣的问题吸引对方的注意。

③如果对方笑出来，就说："您是做什么的？"在这种情况下这是可行的一种问话方式。仅仅用几个字我们就击中了目标，它简短，不使人感觉威胁，而且问在点子上。

④他们会立刻告诉我们他们是干什么的。

⑤如果我们认为对方可能是一名潜在客户，就跟他说："请给我一张名片，我可以给您寄一些您可能用得上的材料。"

⑥在电梯门打开之前递出名片，我们就赢得了这场游戏。

⑦递给他我们的名片，有力地握手。

⑧在 24 小时之内采取跟进措施。打电话时，我们的开场白非常容易说："我就是刚才在电梯里碰到您的人。我也终于下来了，然后想着该给您打个电话。"这样说两个人就都会笑起来。

请记住，在大都市里，几乎每一位公司总裁、每一位要人都会乘坐电梯。想要得到一个和他们相遇的机会吗？只要在任何时候走上电梯时都开始和别人搭话就行了。

不管我们销售什么产品，只要我们认识人的数量够大，那么我们成功的机会就越多。人际网络的扩展是以认识人的数量增加为前提的，认识人多了人际网络自然就大了。

销售员要养成良好的交际习惯——随时随地想着如何结交新的朋友，如何结交比自己更加成功的朋友，如何结交一些对自己有帮助的朋友，重要的一点是，要勤奋，尽量与更多的人见面，努力把见过的人变成自己人际网络的一分子。

勤练好口才

当你在开会发言时紧张恐惧、语无伦次、大脑一片空白时，当你面对客户张口结舌、思绪混乱、无法说服对方业绩下滑时，当上级给你机会竞聘提升，你逃避发言而错失良机时，你的损失是多少？你的人生将会付出多少代价？你将为错失一次次机遇埋多少次单？

从一定程度上说，口才是实现销售、得到晋升机会的一辈子的财富。但是演讲家也并不是与生俱来的，一个人敢面对多少人讲话，往往与他的能力成正比。这就要求销售员在日常生活中，时时注意锻炼自己的口才，千万不要因为自己的口才而拖累自己的销售业绩。

王某是一位服装公司的销售员，进公司已经有很长时间了，对工作也是尽职尽责，但就是不怎么会说话。也正是由于这个原因，平时既得不到客户的喜欢，也不怎么能得到老板的赏识，难以被委以重任。

这天，王某去拜访一位客户，恰巧这天这位客户商店的生意十分清淡。王某为了得到老板的欢迎，显示自己的幽默感，于是就开玩笑地说："哎呀，李经理，您的店里今天好安静呀，就好像是快要倒闭了一样。"李经理正在整理店里面的服装，听到这样的话，自然是心里很不愉快。但是由于双方是长期合作伙伴关系，碍于情面，就没有搭理王某。

谁知，接下来，王某很是不知趣，见没人应答，就直接大声嘟囔一句："这里是闹鬼了吗？连一个活人都没见到？"大白天在自己店里面说这样丧气的话，言下之意不是在咒自己的店早点关门吗？李经理越想越生气，干脆气势汹汹地走出来，将王某劈头盖脸地大骂了一顿，然后直接将她赶出了门。

这让王某很是受挫，感觉这样下去，对自己的事业是非常不利的。于是她决定做出改变。首先，她从图书大厦买了一些关于销售口才的书籍，一边阅读，一边将有价值的语句记下来，加深记忆。另外，她还根据书上的提示，在交际场合主动和陌生人说话，锻炼自己的胆量以及口才，为自己织起了一张交际网。她还时常关注一些演讲视频，边看边模仿，模仿他们说话的方式、说话的速度、肢体动作等。经过一段时间的学习和模仿，王某的说话水平有了很大的提高，口才能力提高了，人也更自信了。很多时候，王某还利用假期时间去社区与老人聊天，给他们讲故事。她知道讲故事是很锻炼人的，里面既有独白，又有对话，可以训练人的多种口语能力。

经过不断的努力，王某现在善讲巧说，练就了一副铁嘴。很快凭借自己出色的口才帮老板谈好了一笔不小的生意，老板立刻把她升为销售部经理了。

起初王某虽然工作极其认真，但是口才不好，为此得罪了自己的上司与客户，最终失去了晋升和成交的时机。但是，后来经过自己的不懈努力，勤于练口，最终实现了"早起的鸟儿有虫吃"。通过王娜的故事，我们不难看出：练就一副好口才是你开启成功之门的金钥匙。

"语言就是力量"，销售员应该从哪几方面来锻炼自己的口才呢？

（1）优美动听的声音

口才好，最关键的是声音要有韵味。如果你的声音沙哑，或是刺耳难听，那么客户一定没有兴趣继续倾听下去。美妙的声音如春风，可化雨；是太极，能克刚。声音平稳柔和，就如同清风拂面，给客户舒服的感觉。那么，销售员应该怎样给予客户这种感觉呢？

在销售中，保持端坐的姿势，并且将自己的坏情绪分流，时刻处于微笑的状态之中，往往能给客户传达出一种愉悦、热情之感，激发客户的谈话热情，与你继续交流下去，水到渠成地实现成交。

（2）勤积累谈话素材

好的口才并不是与生俱来，一蹴而就的。这往往要求销售员善于积累谈话的素材，抓住客户的兴趣点，从而有效避免陷入冷场的局面，实现顺利沟通。当然，积累谈话的素材，也是有学问的。试想，如果你是一位农作物销售员，你对农作物不了解，没有这方面的素材，那么你又怎样和客户沟通，怎样对症解决客户的难题呢？所以，销售员要练就"眼观六路，耳听八方"的能力，在说服客户时游刃有余，客户才会乐于相信你。

关于积累谈话素材的途径，销售员可以多关注一些日常的时事新闻，早报、晚报，多浏览网络的一些新鲜事，还要多关注一些客户感兴趣的事情，比如运动项目、业余爱好等，让客户感兴趣，觉得有话题聊，你才能够实现自己的销售目标。

（3）幽默风趣，别具魅力

好的口才，并不一定非要侃侃而谈，销售员还要懂幽默，会用幽默，这样才更能引人入境。因为，销售员去拜访客户时，不可能刚好都遇到客户的好心情，有时客户正处于极度郁闷之中，此时销售员开口就介绍自己的产品，那么无疑在给客户理由来拒绝自己。

如果销售员此时能够认真倾听客户的诉说，并且时不时幽上一默，让客户开怀地笑一笑，客户会觉得与你交谈很有激情，那么自然而然就会购买你的产品。

一般情况下，练就幽默风趣的本领并不难，只要销售员在生活中，多关注一些小品、相声类节目，还可以看一些笑话杂志，多积累，多应用，这样在关键时刻，你就能有感而发，一触即来。

（4）成功一定有方法——勤找方法，勤锻炼

想要练就一副好口才，其实并不难。下面就为你提供一些实际训练的方法：

大声朗读法。每天坚持朗读一些文章，既练习口齿，又增加知识量、信息量，更重要的是对身体大有裨益，清喉扩胸，纳天地之气，成浩然之身！每天坚持半小时以上最佳。

对镜子训练法。每天在朗读过程中，对着镜子训练，训练自己的眼神，训练自己的表情，训练自己的肢体语言，这样效果更好。

自我录像法。如果条件允许，可以每隔一周时间，把自己的声音和演讲过程拍摄下来，这样反复观摩，找到自己卡壳或是手势没到位、表情不自然的地方，并及时改正。日积月累，就会取得很大的成就。

模仿法。在每天听广播，看电视、电影时，可以随时跟着播音员、演员进行模仿，注意他的声音、语调，他的神态、动作，边听边模仿，边看边模仿，天长日久，你的口语能力就得到了提高，而且会增加你的词汇量，增长你的文学知识。

"活到老，学到老"，口才也是一样。"工欲善其事，必先利其器"，口才往往也是你销售成功的不二法宝，多练习，勤练习，对实现销售起着不可忽视的作用。

摆脱生气六妙法

生气是拿别人做错的事来惩罚自己。

——康德

日本销售之神原一平在谈到关于生气的话题时说:"一个人发怒之后,必须以笑来中和一下,如果只怒而不笑的话,那个人的情绪势必会失去平衡,呈现一种焦躁不安的状况,而难以与人相处。说到笑,其实知易行难,我想这就是为什么喜剧演员比悲剧演员难当的缘故吧!就销售员而言,'笑'是非常重要的助手。"

几乎每个人都会在生活中遇到不公平的对待。别人的轻视、羞辱、责备……每个人生气总是可以找到很多理由。但是心理学家认为:愤怒基于责备。有一句名言:"人生最大的敌人是自己。"人们往往最不能战胜的就是自己的情绪。其实,很多时候生气已经成为某些人的一种习惯。而要想真正地改变自己,也只有让"莫生气"变成自己的一种生活习惯。

因为,生活不可能平静如水,人生也不会事事如意,人的感情出现某些波动也是很自然的事情。可有些人往往遇到一点不顺心的事便火冒三丈,怒不可遏,结果非但不利于解决问题,反而会伤了感情,砸了订单。换个角度来看,你的"愤怒"又或许会成为另一个人生气的理由。如果这样,结果将会越来越糟糕。生气所伤害的往往不仅是自己,还有别人,生气产生的不良情绪还会让你付出更大的代价。

一只骆驼在沙漠中跋涉。正午的太阳晒得它又饿又渴，焦躁万分，一肚子火不知道该往哪儿发才好。正在这时，一块碎玻璃把它的脚掌硌了一下。疲累的骆驼顿时火冒三丈，抬起脚狠狠地将碎玻璃片踢了出去。结果却不小心将脚掌划开了一道深深的口子，鲜血顿时染红了沙粒。

生气的骆驼一瘸一拐地走着，一路的血迹引来了空中的秃鹫，它们在骆驼头上的天空中盘旋着。骆驼心里一惊，不顾伤势狂奔起来，沙漠上血迹更甚。浓重的血腥味引来了附近的狼群。受伤的骆驼像只无头苍蝇般东奔西跑，仓皇中跑到了一处食人蚁的巢穴附近，血腥味惹得食人蚁倾巢而出，黑压压地向骆驼扑过去。可怜的骆驼鲜血淋漓地倒在了地上。临死前，它追悔莫及："我为什么要跟一块小小的玻璃生气呢？"

骆驼因为同一块小小的玻璃生气而失去了宝贵的生命，我们平时有没有为一点小事生气而影响了和客户的和谐，影响了销售业绩呢？其实，经历多了以后，你也会慢慢领会到"莫生气"不但是佛家开导世人的戒语，其实也是人生的一种生存智慧。

一根火柴几毛钱，却可以摧毁一栋价值千万元的房子。能力不好不一定不成功，但是情绪管理不好一定不会成功。当你像一头生气的狮子一样毫无保留地在别人身上发泄时，彼此的和谐就被破坏掉了，像是被打破的水晶杯子一般，就算接合后也是会有裂缝的。人应该像水，遇到田野就漫过去，遇到网子就渗过去，如果遇到的是闸门呢？那就停下来等待时机！

日常工作、生活中，每个人都会随着顺境、逆境的出现或喜或悲，有时候情绪高昂，有时候情绪低落，这是一种无法避免的现象。人们总是渴望"心想事成""万事如意"，而实际情况却时常相反："心想事难成""不如意事常八九"。比如在职场，总是会有降职、扣薪，总是会有人在上司面前说你的坏话，总是有裁员发生，总是有公司倒闭等，这一切都难让人如意，都使人产生失落、不满、抑郁等不良情绪，这都是潜在的危机。所不同的是，意志坚强的人能够理性地控制好自己的情绪，积极地工作和生活，成为事业上的成功者；而有些人却被情绪支配，动辄发脾气，拿自己或别人出气。

男孩因一件琐事迁怒于自己的母亲，并对母亲喊道："我恨你，我恨你，我恨你！"然后，他转身就跑。他跑啊跑啊，跑到山边，并对着山谷继续喊道："我恨你，我恨你，我恨你！"喊声刚停，从山谷传来回音："我恨你，我恨你，我恨你！"男孩很吃惊，跑回家里对母亲说："山谷里有个奇怪的男孩说他恨我。"于是，母亲把男孩带到山谷，让他对着山谷喊："我爱你，我爱你，我爱你！"这个男孩照着母亲说的做了，却惊奇地发现，那个"奇怪的男孩"也在山谷里说："我爱你，我爱你，我爱你！"

销售就像这山谷回音，你送出去什么，就能返回什么；你播种什么，就能收获什么；你给予什么，就能得到什么。换句话说，别人对待我们的方式，往往是由我们对待别人的方式决定的。如果对方是你的同事，生气会影响你工作环境的和谐；如果对方是你的客户，生气会丢掉一个老客户；如果对方是你的上司，那么，等你清醒后，趁早主动辞职吧！

如果你不想丢掉工作，那么就要学会克制自己，不要随便生气。下面是为你准备的克制生气的一些小方法，希望能够对你有所帮助。

第一，拖延法。

拖延法是指在销售中遇到突发的变故时，不要急于发怒，首先强忍下来，不做任何回应，等过了一段时间以后，再回过头来考虑和处理这起事件。这个时候也许会有许多结果：可能是一场误会，可能事情并没有当时想的那么糟糕，可能找到了比较好的解决办法……从而达到控制情绪的效果。

第二，宣泄法。

怒气总是憋在心中，只会对身心健康不利，而且终有一天会全面爆发出来。治水最好的方法是疏而不是堵，怒气最好也要释放出来。如果有不愉快的事情或受了委屈，不要压在心里，可以向知心朋友和亲人说出来或大哭一场。这种发泄可以释放内心的郁积，对于人的身心发展是有利的。当然，发泄的对象、地点、场合和方法要适当，避免伤害他人。选择的宣泄对象，应该是自己非常要好的朋友，应该是能够帮助自己的人。

第三，意识调节法。

利用对人生、理想、事业等目标的追求和道德法律等方面的知识，提醒自己为了实现大目标和总任务，不要被烦琐之事所干扰。直接和间接地学会控制自己的情绪，认清理想和现实的差异，保持一颗平常心。

第四，避免争论法。

当发现和自己见解不同的意见时，往往会产生争论，甚至演化为愤怒。一些个性很强的人表现得更明显。为了给自己的见解辩护，即使对方有一定的道理，也不愿更改自己的意见。这样其实徒劳无益，分歧只有当你们都静下来时才能解决。当发现有不同意见时要努力提醒自己避免争吵，不妨多听听对方的意见，或许合作就是完美的答案。

第五，愉快记忆法。

回忆过去经历中碰到的高兴事，或获得成功时的愉快体验，尤其是回忆过去的那些与眼前不愉快体验相关的愉快体验。想想那些快乐的事情，这些眼前的困难并不算什么，是吧？自己的未来是美好的。

第六，转移法。

转移法是指当你产生不良情绪时，离开事发现场或环境，暂时将事态搁置，通过分散注意力而使自己愤怒的情绪冷却下来。愤怒之际千万别说什么，给自己一点时间冷静，如到洗手间、户外或任何能独处的地方，当自己冷静后，再把注意力调整回来。也可以通过参加其他一些活动，如看电影、听音乐，最好是选择自己的业余爱好，来调和、转移情绪。应注意的是，不要选择消极的转移方式，比如，回到家在自己的妻子（丈夫）、孩子身上生气发火，这样只会造成更严重的不良后果。

总之，别让自己生气，让脸像樱桃一样，充满着光泽；别让自己伤心，让眼泪像珍珠一样，串成粉红的回忆；别让自己失望，让心伴着白云，飘洒天空的美丽；让自己宽容，让心像大海，亲吻着鱼虾包容着泥沙；让自己自信，让双眸牵着阳光，雨花在唇上舞蹈。是的，别让自己生气，除了心情，一切都不重要。唱起来，跳起来，让我们拥抱这个世界在指尖变小。

学习机会无处不在

>古来一切有成就的人，都很严肃地对待自己的生命。当他活着一天，总要尽量多劳动，多工作，多学习，不肯虚度年华，不让时间白白地浪费掉。
>
>——邓拓

销售通常需要有出色的交际能力和丰富的知识，但是在机遇与挑战并存的社会环境里，学过的知识是经不起我们大肆挥霍的，所以我们要寻找一切机会给自己"充电"。

例如，每天清晨，可以读一些有关销售方面的书籍、报纸、杂志，画出重点，仔细研究每个案例；也可以在每天睡觉前，回忆一下今天所销售商品时的具体细节，进行销售经验的总结和积累。

坚持学习是一名优秀销售员良好的生活习惯。同时，在工作中去寻找一切学习的机会也会让自己更快地成长。

罗森沃德是美国商界的风云人物。他是一名犹太人，小时候家境贫穷，为了减轻家庭负担，初中毕业以后他就去了一家服装店做杂工。由于很早就接触社会，他对艰苦奋斗有了更深层的理解。在做杂工期间，他认定自己要在服装行业中大展手脚，心中便有一个要当服装店老板的念头，也正是这个念头让他坚持不懈，无论多么困难他都会咬着牙挺过去。

为了实现这个目标，他十分注意服装市场的动态，而且把业余时间全部用来学习商业知识，在工作中遇到有关服装问题都会及时向人请教。在学习到很多有关服装方面的知识后，他的服装店开张了，但是因为经验不足、客流稀少，商店开了一年被迫关闭。

但他并没有气馁，而是不断地总结失败原因，不断地寻找解决方法。不久，商店重新开张，并在短短两年的时间里，把刚创业时的小店扩大了十几倍。

不难发现，正是因为罗森沃德在做杂工时利用业余时间学习商业知识，以及他在失败后依然坚持学习、总结，寻找一切机会给自己充电，才使他最终走向了成功。

今天多学习一分钟，就是为明天多存下一笔财富。凡是有金钱意识的销售员都愿意为学习投资。事实上，古代有些人为了学习，甚至还"偷"过东西。

匡衡是汉元帝时的丞相，他从小就十分勤奋好学，而且也非常喜欢读书，但为了减轻家庭负担，只能白天拼命干活，晚上才有机会读书。

可是当时家里穷，也买不起蜡烛，等到天黑的时候就不能看书了。但他的邻居十分富有，屋子里的蜡烛照得通亮。匡衡为了在晚上读书，就对邻居说："我想借你们家一寸地方用来读书，因为我家买不起蜡烛，天黑之后就不能读书了。"邻居一向看不起穷人，便说："既然晚上不能读书，你就不要读了。"

虽然在邻居那里受到挫折，但匡衡并没有动摇他读书的念头。

匡衡回到家中，读书念头越发强烈，看到邻居屋里的烛光透射在屋外，突然，他想到了一个办法——悄悄地在墙上凿出一个小洞，然后烛光就从这小小的洞口中透出来了。他就借着这些"偷"来的烛光，把自己家的书全部读完了。

匡衡为了读书战胜了如此艰苦的环境，为自己学习寻找一切机会，那么我们还有什么理由不去寻找一切机会为自己"充电"呢？

如果我们怀着一颗学习的心去销售产品，那么，每个人都将会是我们的老师，也随时都会给我们补充知识。可以说，每一位客户都是我们的"学习材料"，学习他们的优点，会让自己变得更加聪明、更加杰出。所以，我们要向客户、同事，甚至是每一个优秀的人学习，从他们的言谈举止中，学习对自己有用的东西。

因为在销售行业中，无论我们多么精明能干，都会随时被他人取代。他们可能比我们更加精明，比我们的人脉关系更加宽广，也比我们更有好的办法。所以我们要寻找一切机会给自己"充电"——从细节入手，从小事做起，认真观察，从对手那里学到自己所没掌握到的技巧、方法，从而让自己得到进步。

如果一位销售员自以为是，总认为自己比别人强，那么他随时都会被别人超越。因为有些人总在默默地努力，处心积虑地想赶超优秀。这是一个事实，只有不断努力学习，才会让自己不可替代。

①学习机会随时可见。

只要我们明白知识的重要性，每一个学习的机会都逃不过我们的慧眼。

②山外有山，人外有人。

对于同行要抱有谦让之心，但谦让并不是把自己的地位"让"出去，而是让自己明白他们随时都会超越自己。

③学无止境。

别林斯基曾说过："我学习了一生，现在我还在学习，而将来，只要我还有精力，我还要学习下去。"是的，即使我们不在销售行业中工作，但寻找一切机会给自己充电，才是我们立于社会不败之地的秘诀。

只有寻找一切机会给自己"充电"，不断学习的人，才有机会达到销售的巅峰。

在别人荒废的时间里崭露头角

第 三 章

爆单四大支柱之了解客户

像了解产品一样了解客户

世界权威营销专家杜雷顿·勃德曾说过:"因为你对别人已经有所了解,你才能更好地去营销,你对客户的了解要比你对自己产品的了解还重要。"的确,对于一名销售员来说,不但要对本企业和所推销的产品了如指掌,还要对客户信息进行全方位的了解和研究。正所谓:"知己知彼,百战不殆。"只有多方面了解客户,对客户的需求、心理等都洞察到位,才能减少销售的阻力,使销售工作有针对性,更有效率。

美国布鲁金学会以培养优秀的销售员而闻名于世。学会在每一期学员毕业时,会设计一道艰难的推销题目让学员去尝试,如果谁能完成这项推销,就把一只刻有"最伟大的销售员"的金靴子奖给他。

有一年,学会的考题设置为:把一把斧子推销给布什总统。考题难倒了许多学员,他们认为,总统什么也不缺,即使总统想要一把斧子,也会有人去购买,所以把斧子推销给总统是不可能的事。

然而,有一位销售员却做到了。这位销售员对自己很有信心,他通过全方位的调查,了解了布什总统的情况,知道他在得克萨斯州有一座农庄。于是,他给布什总统写信道:"我有幸参观了你的农庄,发现里面有很多枯死的小树。所以我想,你一定需要一把斧子来砍伐树木。我这里正好有一把,它是我祖父留传下来的,很适合砍伐枯树……"

不久，这名销售员收到了布什总统的汇款。他自然也得到了那只金靴子。

可见，了解客户是销售员推销成功的关键。即使对非常熟识的客户，业务员也不能掉以轻心，对客户的了解，是越多越好，越详细越好。那么，如何来多方面了解客户呢？销售员需要掌握客户哪些方面的信息呢？

（1）客户的基本信息

需要了解的客户基本信息包括客户的姓名、潜在的需求、具体地址、联系方式以及个人好恶等。如果连这些基本信息都不了解，就贸然上门推销，只会使自己落入尴尬的境地。

有一位销售员走进一家公司，很礼貌地向前台小姐问道："您好，请问杨经理在办公室吗？"

前台小姐一愣，对他说："对不起，我们这里没有杨经理。请问你有什么事情吗？"

销售员感到很不好意思，说："我是××建材公司的销售员，我想向贵公司推荐我们最新的木制地板，所以想找你们采购部的经理。不好意思，我突然忘记他姓什么了。"

前台小姐看了看他说："我们经理出差去了，很抱歉，你改天再来吧。"

销售员想了想说："那没关系，我先把我们公司的产品资料和样品留在这里吧，等采购部经理回来了，麻烦你帮我转交给他。"

前台小姐急忙摆手说："你千万不要放在这里，我们公司规定服务台不允许摆放公司规定外的其他物品。"

事例中的销售员之所以被拒之门外，很重要的原因就是他对客户所知甚少，连客户基本信息都不了解。不知道客户的姓名，不知道客户正在出差的情况，甚至在这次推销中，他也没有有意去了解和弥补这些他忽视的信息，因此最终推销的结果是必然失败的。

（2）了解客户的历史信用、公司现状和未来的发展

一个客户的历史信用可以表明他的信用等级。如果这个客户在以前的商业活动中，曾拖欠银行的贷款、拖欠供应商的货款，那么他将来也有可能会拖欠你公司的货款。如果销售员忽视了客户的历史，就等于忽视了客户的诚信度，就有可能造成呆死账，使公司蒙受损失。

而全面了解和掌握公司的现状，了解公司现在的经营状况，公司管理者的风格和才能，客户现在所面临的各方面矛盾，都有助于判断与客户交易的安全性，掌握更多与客户沟通的资料，避免和客户发生概念上的争执和冲突，减少沟通过程中可能出现的障碍。

销售员了解客户的未来发展方向，就是考虑客户的发展前景是否光明，是否有在同一领域长远发展的计划，这有助于在选择客户的时候，从长远利益上做出价值判断，而不仅仅只是眼前的利益。

（3）了解与客户关系密切的其他人或组织信息

这类信息主要分两种情况：一是针对个人客户进行的销售，如生活用品推销、汽车推销、房地产推销等，这方面要了解客户与家人的喜好、生活习惯、家庭构成、收入水平、对产品的需求情况等。另一种是针对公司客户的销售，如办公用品、建材、机电设备等，这就要对公司的性质、规模、对产品的特殊需求、购买量、客户是否具有决策权以及客户实际支付能力、可能合作的时间、客户的主要竞争对手和合作伙伴等有所了解。

只有了解这些信息，综合多方面信息加以分析，审时度势，业务员才能更准确地分析客户的需求，在商战中如鱼得水，左右逢源，避免无效交易的发生。

在搜索客户信息时，销售员可以通过方方面面的途径搜集客户信息，但首先要遵循相应的法律、法规以及社会道德规范，同时还要注意一些细节：

尽量不要打扰到客户的正常工作和生活；

学会辨别虚假信息，删除不必要的无关信息；

整理客户信息，对重要客户信息进行科学整理归档；

注意效率，不要在这方面花费过多时间，以免错过最佳销售时机；

对自己掌握的信息严格保密，不随意透露客户的重要信息。

客户扮演的角色

通常情况下，销售员费尽心机地去推销产品，但是真正下订单的客户并不多，即使自己拿到订单，有时也不能立即成功实现销售。要知道，并不是所有的客户都具有决策权，也并不是所有的客户都具有实际的购买力。当然，如果在推销之前，销售员不去了解客户，判断客户的角色，那么我们就会把一些不必要的时间与精力浪费在一些不会购买产品的人身上，那么最终我们就会事倍功半，甚至是浪费时间还卖不出去产品，可以说是得不偿失了。

张先生是机电设备厂的一个销售部门经理，在他的领导下，他的部门销售业绩是最优异的，并且被评为年度"销售冠军"。在总结成功经验时，他说："我之所以成功的主要原因就在于成功地分辨了客户的角色。由于机电设备花费较高，一般需要由管理高层来批准购买，然后又要由使用人员来学习使用，由技术人员来维修管理。这些角色一定要找对，如果一个处理失误，那么就会影响到整个销售的进程。"

想必在销售工作中，张先生的情况大多数销售员几乎每天都能遇到，但是往往一些没有经验的销售员是顾此失彼，最终导致了自己的销售失败。可见，正确判断客户的角色是销售成功的关键所在。

作为销售员来说，每天的时间与精力是有限的，那么判断好客户的角色，就成为销售工作的重中之重。当然，能够真正起到影响销售进程的角色，主要有以下几种：

（1）发起者

感受到一些严重的问题需要解决，而提出一些采购建议的人。一般做出这种决策的往往是使用部门，但是对于一些事关企业战略性问题的发起者会是一些决策层的客户。销售员向潜在的发起者介绍自己产品和服务的益处，往往能够赢得订单。

（2）影响者

其看法或者是建议都会对最终的购买决策产生影响的人。影响者的身份比较复杂，可能是公司的员工、决策者的亲朋好友或是技术部门的人员等。销售员千万不要忽视影响者的身份，因为他们给出正面或是负面的评论，都会对决策者的购买行动产生一定的影响。所以，销售员在介绍产品时，一定要把产品的有力信息传达给购买决策的影响者。

（3）决策者

就是对是否购买、何时购买做出完全或部分决策的人。一般来说，决策者是客户公司的中高层管理者，对于资金有一定决策权的人。销售是否成功，往往取决于决策者的意图。所以，销售员需要鉴别出你的客户角色中，谁具有直接调度资金的权力和能力，而能否影响决策者是销售成败的关键。

（4）执行者

在决策者做出决策之后，一般是实际购买产品或是服务的人员。当然，通常状况下，这个角色都是公司的采购部门担当。

（5）使用者

即产品或服务的最终使用者和受益人。使用者对产品的评价往往会传达给决策者，这也是影响决策者做出决策，交易能否顺利进行下去的关键。所以，销售员要给予足够的重视。当然，对于使用者来说，他们更会在意产品的使用性能，产品是否能够带来额外的附加利益等。销售员切记要讲清楚产品的特色以及优势，只有满足他们的需求，你才能获得使用者乃至决策者的支持。

当然，销售员在推销的过程中要仔细观察，因为往往影响最终决策的并不是一个人。就如买房来说，发起者可能是自己的孩子，也有可能是家人，但是决策者常常会是妈妈，执行者会是爸爸，但是影响者可能是妈妈、爷爷、奶奶，也可能是自己的亲戚、朋友等。所以，在推销过程中，销售员一定要考虑到这些不同的角色，区分对待，然后针对不同的角色，去选择不同的交流与沟通方法。

认清客户角色，区分对待，然后确定交流和沟通的重点。

对于使用者，以产品或服务的优势和价值为沟通重点。

对于决策者，要着重强调公司的信誉和实力。

做好执行者的工作，他虽然没有决定权，但具有否决权。

当然，销售员鉴别了客户的各种角色之后，想要直接进行销售工作并非易事。俗话说："阎王好见，小鬼难缠。"一般情况下，销售员在拜访客户的过程中，常常会遇到一些障碍，比如客户的秘书、前台等，如果你处理不好与这些人的关系，那么你的销售也只能是前功尽弃。为了让自己的销售更有成效，销售员就要从以下两方面做起：

（1）绕过前台找关键人

根据经验，相信每个销售员都了解，通常状况下，站在前台的一般都不是拥有决策或购买权的关键人士，而是控制信息的人，比如秘书、客服等。而销售员为了能够见到关键人士，唯一的办法就是——绕过前台。

一般情况下，前台的作用是"过滤信息"，对于那些非关键人士，比如销售员等，是不会被前台重视的，更不会直接引荐到相关负责人那里。所以销售员就应该抓住契机，把自己"伪装"成关键人士，引起前台的重视。不管是说话的语调，还是不经意间流露出对公司的熟悉程度，或是对公司行业很了解等，只要让前台感觉到你是重要人士，那么你想顺利拜访相关负责人相对就容易多了。

但是秘书与前台是有所区别的。由于整天待在负责人身边，并且对负责人的相关情况了解很多，她很可能会对决策者的行为产生一定的影响。所以，销售员要注意与秘书搞好关系，不要采取一些欺骗手段，一旦揭穿，就会遭人反感。

（2）对于执行者，要投其所好

决策者往往只会对购买的产品做出相应的决策，而执行者常常是决定哪个品牌，哪家产品的关键人物。相对来说，如果销售员过好执行者这一关，那么产品实现顺利推销自然是不在话下。

企业的执行者往往是采购部门，产品的好坏关系到企业的长久发展。对于他们来说，一般都比较熟悉市场，了解市场上相关的产品和服务。所以销售员一定要注意自己的产品介绍，习惯用事实，用数据说话，还要了解执行者的相关需求，为他们提供能够适合企业需求的产品。

因此，在销售过程中，做好客户角色分析，准确判断出客户的角色，是销售顺利进行的关键所在。

激发购买就要投其所好

在去钓鱼的时候，你会选择什么当鱼饵？即使你自己喜欢吃奶酪，但将奶酪放在渔竿前端也钓不起半条鱼。所以，即使你很不情愿，也不得不用鱼喜欢吃的东西来做鱼饵。

——卡耐基

一个善于把握客户心理情绪的销售员，总能够洞察到客户的真正需求。销售工作能否成功，不仅仅依靠高度的商业信誉、优质的产品质量和周到的服务过程，更需要销售人员引导客户产生积极兴奋的购买欲望。销售人员在与客户的沟通过程中所产生的积极情感能够为彼此的合作推波助澜，而消极的情感则会带来排斥、抵触的心理。那么，如何酝酿沟通中的积极情感？

销售人员想要博取客户的信任和好感，必须事先"投其所好"。洞察客户的兴奋点，关注对方的兴趣，才是真正的有的放矢。客户在谈及自己的兴趣时，往往会沉浸在意犹未尽的状态中。这时候，销售人员恰当地提出关于业务合作的情况，对方通常能够痛快地答应。当然，如果销售人员不能及时找到客户的兴趣点，那么两个陌生人的谈话很快就会陷入索然无味的僵局。因此，通过谈话分析客户的心理，把握客户的兴趣，对于销售人员来说是非常重要的一个环节。

世界汽车销售冠军乔·吉拉德就特别善于捕捉客户的兴趣，对客户所关注或熟悉的事物倍加重视。

有一次，乔·吉拉德遇到了一位腼腆的陌生客户，他走上前打招呼道："先生您好，您相信吗？我能够通过您的外在气质判断出您所从事的行业。"客户原本以为这位销售员会直接提及关于汽车销售的事情，乔·吉拉德出人意料的话题让他觉得非常意外，但又颇感兴趣，于是微微一笑。

"您是一位律师！我敢肯定！"乔·吉拉德说。

律师这一行业对于美国人来讲是备受尊重的，然而这位客户并不是律师。"不，不。很遗憾，我没有做律师的幸运。"客户赶忙解释。

"那您从事的是什么职业呢？"乔·吉拉德顺势问道。

"我想我的职业会让您失望的，我只是一个宰牛屠夫。"客户不好意思地回答道。

这位客户想到眼前满脸真诚的销售员可能会因为他的这番回答大吃一惊，或者会在失望之后给予他安慰的话，他万万没有料到的是，乔·吉拉德一脸惊喜、非常激动地握起自己的手说道："真的吗！太棒了！我从小到大总是在想，我们吃的牛肉到底是怎样的一个生产流程，我几乎一窍不通，您一定猜不到我有多想了解它！我真希望您能在方便的时候带我去参观您工作的地方。"

这种发自内心的好奇深深感染了客户，再没有什么能够比这份工作更让客户觉得熟悉和擅长的了，于是一番关于参观杀牛的谈论就开始了。

乔·吉拉德与客户这种沟通的方式很好地保护了客户的自尊心，又发掘了客户所擅长的兴趣，这种情况下，客户几乎是带着感激和喜悦的心情接受了乔·吉拉德对于汽车的推荐。

美国汽车大王福特曾经说过："假如有什么成功秘诀的话，就是设身处地地替别人着想，了解别人的态度和观点。"由此可见，只有以客户兴趣为中心进行的交谈，才能最大限度地扭转客户最初可能存在的偏见，逐渐营造出销售人员与客户和谐交流的氛围。

对于陌生客户，销售人员怎样才能够发掘出他的兴趣点呢？

①根据客户的外在特征，如穿衣打扮、举止动作等。

一个人的外在形象往往能够反映他的某些兴趣和爱好。一个时尚前卫的客户，可能会随身佩戴当今流行的饰品；一个热爱音乐的客户，可能会随身携带iPod；一个打扮炫目耀眼的人，也许对色彩的搭配非常讲究。通过这些讯息，销售人员可以发现对方的兴趣点，进而进入正题。

客户的举止动作也会透露他对某个主题的兴趣程度。眉飞色舞的状态显然表示出这就是他的兴趣所在；紧锁眉头、闭口不谈则暗示出客户对该话题的淡漠心态。

②强调客户的共有兴趣，适合于广泛的客户群。

大多数的客户在选购中都会对产品的价格、折扣、有无赠品、售后服务等内容感兴趣，销售人员在与之进行交谈时，一定要首先提及这些令他们感到兴奋的事情。客户往往会被各种形式的购买承诺吸引，这时，如果销售人员用亲切、和蔼、恰如其分的语言形式加以表述，则对方通常会爽快地答应购买。

③对男女客户兴趣点进行分类。

对男女客户兴趣点进行分类属于销售人员的准备工作，这份准备工作的完善能大大提升判定客户兴趣的准确率。兴趣无非就是与自身有关系的事物，通常情况下，女客户会对时尚、妆容、明星、音乐、家庭感兴趣；而男客户会对商务、运动、时政、汽车、股市感兴趣。了解这些内容之后，销售人员即使无法在短时间内发现客户的兴趣所在，也能够大致地圈定出一个范围。

④随时随地制造兴趣点。

在与陌生客户的交流中，销售人员难免会遭遇冷场或话不投机的情况，这时候就需要销售人员及时制造出客户的兴趣点。例如，当客户带着孩子时，可以将话题引向孩子，"您的儿子长得和您一样英俊"；当客户室内有很多锦旗时，"一看您就是资历很深的医师，这么多的锦旗，太令人羡慕了"

等话题，都可以为客户制造兴趣点。

当销售人员把握住客户的兴趣点时，就可以顺利地进行下一步的工作。那么，哪些现象能够表示客户的兴趣点已恰到好处呢？客户的以下几点特征可供参考。

①客户连续点头、微笑、眼神专注。

②客户针对销售员所说的内容主动提问。

③客户仔细查看产品的品牌、成分、价格标签。

④客户在销售人员的解说中，三番四次地触摸产品。

有人曾经说过："每一个优秀的销售人员都是一个成功的心理专家。"可见，引导和调整客户心态对销售人员而言是多么重要。销售人员应善于找到客户的兴趣点，并围绕这个兴趣点展开讨论，从而刺激客户购买的兴奋点，如此一来，交易便成功在望了。

客户本质上都是自利的

> 站在客户的立场，设身处地为客户着想，是微软的行动目标，也是市场的需求。每一个员工都应该沿着这个目标去做。
>
> ——比尔·盖茨

在销售过程当中，作为一名销售人员，你是否对"客户往往比较关心哪些问题"有着比较全面和清醒的认识呢？你是否真正了解客户最关心的是什么？你是否真正清楚客户最想要的是什么？你是否可以真正地站在客户的立场上想客户之所想？你是否能够对客户关心的问题给予比较圆满的答复？

在实际销售活动中，不同的销售人员往往会有不同的看法：有些销售人员认为客户可能最关心的是产品的质量问题；有些销售人员认为客户可能希望了解更多的相关产品或企业的信息；有些销售人员认为客户最关心的问题是产品的性能；有些销售人员认为客户更关心关键性问题……

难道客户最关心的只是这些吗？我们不妨做一个简单的测试。当你被问到"你最关心的人是谁"时，你的回答是什么？如果让你在自己的父母、自己的伴侣、自己的孩子之间做出一个选择，无论你选择谁，你相信这是你内心真正的想法吗？

事实上，如果在备选的答案中再添加一个"自己"，相信所有的人都不会再作出其他的选择了。因为通常情况下，人最关心的永远都是自己，都是以"自我"为中心的。当你与别人交流沟通的时候，用到的最多的一个字是不是"我"？当你与朋友合影留念拿到照片之后，你首先最想看到的人是不是"我"？当有人说自己捡到了一百元时，你首先想到的是不是"是否是我掉的"……

当然，在销售过程中，这样的现象也非常普遍。当你向客户推销商品时，客户的第一反应往往是："这是我需要的吗？""如果我买了，会不会上当？"……这说明，不管你的客户是什么人，不管你的客户在什么时候，在内心深处，他们最关心的只有自己，最先想到的都是自身的利益，都会想着要保护自我。如果销售人员不懂得这一点，在客户那里只能吃到"闭门羹"。

小李和老李是同一家公司的销售员，而且分别到同一个客户那里推销商品。

小李到了客户的办公室，不管三七二十一，便开始狂热地夸赞自己的商品："张总，我们的商品可是独一无二的，无论是质量方面还是性能方面，都是其他产品无法相提并论的，而且在价格方面也非常合理，甚至款式也是目前最流行的……"小李就这样滔滔不绝地讲述着，完全没有发现客户的脸上已经流露出了不悦之色。果然，客户在容忍小李又继续讲述了几分钟之后，毫不客气地打断了小李的讲述："够了，够了，真是对不起，我现在没有这方面的需求，等我有了需求再联系你，好吗？现在，你可以走了。"之后，无比尴尬的小李只能以失败告终。

过了些日子，老李却成功地拿下了这个客户。老李到了客户的办公室，首先发现客户的办公室里面挂着一幅锦旗。通过上面的字，老李了解到这是客户做慈善活动时，别人特意赠送的。于是，老李以此为话题与客户展开了沟通："李总真是一位善良的企业家，在百忙之中也不忘那些需要帮助的人……"

就这样，老李打开了客户的话匣子，从客户的慈善捐助聊到家庭生活，从创业起家聊到今后的企业发展，从办公室的设计聊到个人的爱好和兴趣，老李在与客户的不断沟通中慢慢地对客户有了更深入的了解。

当老李感觉时机差不多的时候，果断地向客户推出了自己的商品，并仔细地为客户分析商品能够给客户带来多少潜在的利益，比如会给客户省下多少开销等。最后，老李成功地拿下了订单。

老李的成功是因为老李让客户真正感觉到了他是站在客户的立场上为客户着想的。同时，老李的成功也再次证明了"客户最关心的只有自己"。

美国心理学家亚伯拉罕·马斯洛于1943年在《人类激励理论》论文中曾明确提出了人类的"基本需求层次理论"：

①**生理上的需求。**

这是人类维持自身生存的最基本要求，包括饥、渴、衣、住、性等方面的要求。如果这些需求得不到满足，人类的生存就成了问题。从这个意义上说，生理需求是推动人们行动的最强大的动力。

②**安全上的需求。**

这是人类要求保障自身安全、摆脱事业和丧失财产威胁、避免职业病的侵袭等方面的需求。

③**感情上的需求。**

这一层次的需求包括两个方面的内容。一是友爱的需求，即人人都需要伙伴之间、同事之间的关系融洽或保持友谊和忠诚；人人都希望得到爱情，希望爱别人，也渴望接受别人的爱。二是归属的需求，即人人都有一种归属于一个群体的感情，希望成为群体中的一员，并相互关心和照顾。

④**尊重的需求。**

人人都希望自己有稳定的社会地位，要求个人的能力和成就得到社会的承认。尊重的需求又可分为内部尊重和外部尊重。内部尊重是指一个人希望在各种不同情境中有实力、能胜任、充满信心、能独立自主。总之，内部尊重就是人的自尊。外部尊重是指一个人希望有地位、有威信，受到别人的尊重、信赖和高度评价。

⑤自我实现的需求。

这是最高层次的需求，它是指实现个人理想、抱负，发挥个人的能力到最大限度，达到自我实现境界的人，接受自己也接受他人，解决问题能力增强，自觉性提高，善于独立处事，要求不受打扰地独处，完成与自己的能力相称的一切事情的需求。

然而，无论是生理上的需求、安全上的需求、感情上的需求，还是尊重的需求、自我实现的需求，我们都不难发现，这些"需求"都是以"自我"为中心的，即一个人对自我的重视是无可厚非的。

正所谓："穷则独善其身，达则兼济天下。"关心自己是人们最基本的心理，尤其是在销售过程中，作为需要付出代价的客户，无一不是以满足自己的需求为前提。他们的内心中，最关心的只有自己。

作为销售员，不仅要明白"客户关心的只有自己"，同时也要让客户明白：我们关心的也只有客户。购买我们的商品能获得快乐或更多的价值，同时消除他们认为购买商品所可能遇到的风险或损失。

①对客户关心的问题，销售人员应该表现得更加关心。

对于客户关注的问题，销售人员必须认真对待，甚至要表现出超越客户的热情。当你主动关心，而不是表示出厌烦或不屑，并给予客户圆满答复时，客户往往已经开始慎重考虑购买你的商品了。

②提供客户喜欢的而不是自己喜欢的商品。

由于任何一个客户最关心的只有自己，所以他们希望买到的商品或希望获得的服务，必须是自己最喜欢的、最需要的商品或能够为自己带来利益的服务。否则，客户很难产生强烈的购买欲望。所以销售人员所提供的商品必须是符合客户口味的，而不是仅仅可以满足自己的需求。

③尊重、关怀客户而不是让客户尊重、关怀你。

"唯我独尊"是每一位客户的心理特征，但销售人员仅仅做到明白这一道理还不够，更应该想尽一切办法，时时刻刻围绕他们的利益提供最恰当的需求服务。

所以说，销售更像是一场销售员与客户之间的心理博弈战。如果销售人员想成功地卖出产品，在与客户的博弈中，必须讲究方式方法，必须读懂客户内心和了解客户需求才能立于不败之地。

提问做得好，信息少不了

> 提出问题，引导对方给出回答，一旦得到对方的回答，就会促成销售的实现。
> ——约翰·帕特森

俗话说："酒逢知己千杯少，话不投机半句多。"意思是说，人与人之间的沟通需要有共同的语言。从事销售工作的销售人员，在与客户进行沟通的时候，虽然提问已经被公认为是一种技巧，但依然需要充分做好提问的准备工作，才能把销售工作顺利进行下去。

其实，我们在讲述销售的前期阶段的时候，已经将准备工作的重要性说得很清楚了。然而，销售虽然是一种看起来比较简单、重复的工作，但在销售过程中同样存在很多细节，依然需要销售人员加以重视。

例如，面对客户的种种质疑，销售人员可以通过简单的反问等形式，保持与客户之间的沟通。但并不是所有的销售人员都可以做到，也并不是所有的销售人员都了解在销售过程中必定会存在许多挫折和坎坷，任何一次成交都不可能是在一帆风顺中得以实现的。

所以，销售人员在对艰难的销售过程做好充分心理准备的同时，要想成功运用提问的销售技巧，也必须做好提问的准备工作。换句话说，销售人员一定要保持坚定的自信心和一颗平常心，在销售的过程当中不断地告诉自己："那些最伟大的销售员也是从一次次的失败和挫折中走过来的，我相信面前的困难和客户无情的拒绝都是暂时的，只要我及时从中总结经验，不断学习，总有一天我会取得成功。"

显然，在销售过程中，不断为自己加油、打气是做好提问准备工作的一个前提条件。只要销售人员在心理方面的各项工作做得到位，那么必定能够获取客户的信任！积极自信的心态和不怕挫折的勇气，有助于消除销售人员过度紧张的心情，可以使销售人员更加有效地控制自己的一言一行，使自己在与客户面谈时，表现得态度自若、谈笑风生，给客户留下一个足以信赖的印象。

但很多销售人员不太注意这一点，在销售过程中总得不到客户的热烈响应。

一位推销电脑设备失败的销售员，在面对客户提出的产品质量方面的问题时是这样回答的："刘总，您说的问题我不太清楚，等我回去查一下相关资料再给您答复吧。"

几天后，另一位推销同样机器的推销员也来拜访刘总。面对同样的问题，这位推销员是这样回答的："刘总，我保证您今后几年都会因为购买了我们的产品而高兴不已！易于操作、功能强大一直都是这款机器的特点！"最后，这位推销人员成功了。

从逻辑上说，两名推销员想表达的意思是相同的，但是因为前一位使用了消极的语言，结果以失败告终；而后一位使用了积极的语言，最后取得了成功。

总之，在销售过程中，提问是一种能够很好地发现客户真实需求的销售技巧，销售人员要做好与提问有关的各项准备工作，例如，向客户提出什么问题，提问题的目的是什么，通过提问想与客户达到什么样的沟通效果等。如果一个销售人员没有充分的提问方面的准备，而空有一腔决心和勇气，这样的销售也注定不能取得成功。提出问题时，销售人员要注意：

①提出的问题要有分量。

在销售过程中，有些销售人员提出的问题空洞乏味，对于客户来说不痛不痒，很难达到引起客户注意，并能诱导客户的思考方向的效果。所以，销售人员提出的问题首先要具有一定的分量，最直接的方法是，提问开始前，在心里问自己几个问题："我要问什么？""客户会有什么反应？""客户的回答能否达到我的目的？"等。

②提出的问题要有针对性。

在整个销售过程中，一个成功的销售员可能不需要准备太多的问题，但提出来的每一个问题都必须具有针对性，即针对客户的哪些方面提出问题：是想通过提问发现客户的潜在需求？是想通过提问消除客户的质疑？抑或想通过提问找到与客户继续进行沟通的话题？无论是出于什么样的目的，销售人员的心里都必须有一个明确的答案。

③不要把鸡蛋放在一个篮子里。

销售的过程虽然看似简单，但也绝不是一两句话就能结束的，可能需要经过由浅入深、由上到下、由左到右等不同阶段，所以销售员针对客户提出的问题不要在同一时间全部提出来。因为当销售人员接二连三地提出问题时，客户可能会感觉自己并不是在与对面的人进行需求方面的交流和沟通，反而像在接受法官的审讯，心里马上会感到很不舒服。有的客户甚至会因此而产生抵触情绪，故意不回答问题。

"不要把鸡蛋放在一个篮子里。"虽然这是投资中的一条原则，但同样适用于销售人员，而且必须要把想提出的问题分割开来，让客户感到他们是自愿提供信息的，而不是被迫泄露的。

④必须运用积极的语言提出问题。

销售中的提问，主要目的应该是了解客户的真实想法，所以要想通过提问成为具有说服力的一流销售人员，应该避免消极的语言，要给客户积极的影响。具有说服力与感染力的语言，首先必须是积极的。

⑤幽默是任何人都不会拒绝的。

美国广播公司的播音员和采访专家特德·考培尔曾说:"在大部分时间里,如果你开始幽默地向人们提出一个问题,结束时,他们会告诉你非常有趣的东西。"在竞争激烈的社会环境下,每个人都处于紧张、压力大的状态之中,快乐已经成为一种稀缺资源,而在提问的时候适当地添加一些幽默感,无疑会满足客户获得快乐的需求。

一个好的提问能够引起客户的注意,能够在很大程度上改变一场交易,但能否成为一个具备一流水准的提问问题的高手,取决于是否做好了提问的准备工作。总之,提问的方法多种多样,要多做准备,灵活运用。

观察不止用眼睛

第 四 章

爆单四大支柱之产品展示

不懂产品何谈爆单

> 每一位销售员都应设法让更多的人知道他是干什么的，销售的是什么商品。
>
> ——乔·吉拉德

"你真的知道你卖的到底是一个什么样的产品吗？"

如果你这样单刀直入地问销售人员甚至是公司的主管们，往往会让他们心惊肉跳。自己不知道自己在卖什么，这个问题说起来是一个笑话，可是如果深究如下问题，你会发现一些或许是许多人不曾深入思考但又十分重要的问题。

"你的产品是卖给谁的？"

"客户为什么要选购你的产品？"

"你的产品给客户最核心的利益是什么？"

"你是如何介绍和传播公司的产品的？"

……

其实，你未必知道你销售的产品到底是什么，一个完整的产品或许有更多的东西值得我们去研究。

要想出人头地，尽量让自己成为产品的专家。要知道，你的职责是帮助客户解决问题，而不是给客户制造问题！

让客户来问你，你再介绍自己的产品。这样会让客户感觉你是在回答他的问题，而不是在介绍产品，客户就不会反感。如果你在回答问题的过程中不能够提供足够完美的信息，客户就会从你的竞争对手那里购买商品。

一个销售人员准备把洛阳轴承厂生产的一种圆锥推力轴承卖给杭州汽车制造厂，他4次到杭州汽车制造厂去销售都碰壁而归。之后，这个销售人员了解到他们的竞争对手——东北一家轴承厂提供给客户的轴承是一种圆锥向心轴承。在了解这种情况之后，他再次拜访了杭州汽车制造厂主管技术的负责人，并向其详细介绍了他们厂生产的圆锥推力轴承与向心轴承相比在性能上有什么样的革新和提高，从而以产品的优势打动了客户。

这位销售人员能够说服客户、打动客户的原因是什么呢？无他，掌握了丰富的产品知识而已。

不管谈什么生意，最终的目的都是让对方尽可能完整地接受自己的产品。一些人不明白其中的道理，经常要写计划书、建议书、可行性报告等，他们为了给对方留下一个美好印象，把这些书面文件搞得尽善尽美，无可挑剔。遗憾的是，这类会让专家点头不已的文件，放到客户面前后往往毫无效果。为什么呢？他们不懂得客户更看重的是产品本身。

有一个名叫葛里斯曼的商人，当初在做销售安全玻璃的业务员时，他的业绩一直都维持在整个区域的第一名。在一次顶尖销售员颁奖大会上，主持人问："你有什么独特的方法来让你的业绩维持第一呢？"他说："将产品充分地展示给我的客户，一次示范胜过一千句话！""每当我去拜访客户的时候，我的皮箱里总是放着许多截成15厘米见方的安全玻璃，同时我会随身带着一个铁锤。每当我见到客户后，我会问他：'你相不相信安全玻璃？'之后，我就把玻璃放在他们面前，拿锤子使劲一敲。每当这个时候，客户都会被吓一跳，而当他们发现玻璃真的没有碎裂的时候，都会惊叹：'天哪，真令人不敢相信！'这时候我就直接问他们：'你想买多少？'之后，交易完成，整个过程还不到一分钟！"

可以想一想，如果销售人员对自己所销售的产品没有百分之一百的了解和百分之二百的信心，怎么能够说得出这样掷地有声的话语？了解你的产品、精通你的产品、相信你的产品，才能够有针对性地销售，才能够突出介绍产品的优势与特色，才能够回答客户的询问、质问，才能够充满热情地向客户销售并获得成功。一般地，对于销售的产品，销售人员必须有以下认识：

第一，对产品有自信。

已故的美国知名心理学家威廉·詹姆斯曾说过："只要你真的打心底里相信一件事，这件事就会变成真的。"的确，只有当我们对自己所销售的产品充满信心时，才能够影响到客户对产品的信心。尤其是当我们敢拍着胸脯保证自己卖的产品绝对有益无害时，客户才会感觉这样的产品值得买，才愿意从腰包里掏钱出来。

销售是一项需要换位思考的工作，更是一项将心比心的工作——只有当销售人员在内心深处坚定不移地相信产品可以满足客户的需求时，才能最终打动客户的心。否则，又怎么能让客户购买你的产品呢？

第二，了解产品的基本知识。

与客户交谈不忌讳自己产品的缺点。在和客户谈到产品时，要告诉客户自己产品的缺点。不过应是一句带过，不要也不能大谈缺点。说过缺点，接着告诉客户你产品的以下优点：

（1）产品的硬件特性：产品的性能、品质、材料、制造方法、重要零件、附属品、规格、改良之处及专利技术等。

（2）产品的软件特性：产品的设计风格、色彩、流行性、前瞻性等。

（3）交易条件：付款方式、价格条件、物流状况、质保年限、维修条件等。

（4）使用知识：产品的使用方法，如用途、操作方法、安全设计、使用时注意事项等。

第三，有关价格和条件的知识。

把你手中可以解决客户难题的产品先介绍给客户，当客户使用感觉很好以后，你就可以把你的其他产品向客户推荐了。那时候，你的信任度高了，客户也更愿意接受你的产品。有关价格和条件的知识包括产品的价格、优惠、旧货的折价、付款的条件、综合性能和价格的平衡、交货期限、保证期限、使用期限、售后服务、需要服务的项目和设备、退货条件等。

第四，有关同行业产品的知识。

竞争知识与竞争产品比较、市场的行情变动状况、市场的交易习惯、客户的关注点、法律法规允许的事项等。

（1）掌握产品的诉求重点：销售人员要能够有效地说服客户，除了必须具备完备的产品知识外，还需要明确重点的说明方向，即产品的诉求点。有效、确实的诉求点来自平时对各项情报的收集整理和与客户的多次接触。

（2）掌握产品的竞争差异：基于一个基本的市场原则，即市场竞争的存在性，销售人员可以将同类产品进行比较性分析。从而找出自身产品的优点与不利因素，在产品展示的过程中做到趋利避害。

事实上，对销售员来说，充分了解公司产品的特性和优点等通常是一个非常基本的要素，但令人吃惊的是，很多销售员在推销产品时，只会一味地夸赞自己的产品多么完美、多么先进。"产品最大限度地卖出去"占据了他们的整个内心，只注重自己能赚多少钱，那么遭到客户的拒绝自然也是情理之中的事情。

销售人员只有充分了解自己所销售的产品，才能给客户足够的关心和重视，从而使客户的心理需求获得最大限度的满足。

佳能（中国）公司副总裁吉冈达生先生曾说过："数码相机用户的需求是多方面、多元化的，有些人可能喜欢外形小巧的，有些人可能喜欢高像素的，也有些人追求性价比高的相机。为了回应用户多方面的需求，佳能每年要推出15至20种机型来满足大家的需求，所以佳能认为，满足客户的需求是至关重要的，比如从便宜到高性能，从高像素到具有高倍率镜头的相机，佳能现有的相机产品线是非常丰富的，今后也将提供多元化的产品来完善这一点。"

不懂产品你还能和客户谈什么？除了"你好！""我是××公司的，我们的产品是最棒的，服务是最周到的"以外，可能只有说"我们的产品可以给您打五折"了，甚至有些销售人员还会说"卖产品不如卖关系，懂产品不如走关系"。

其实，真正优秀的销售员，懂得关系和产品两手都要抓，两手都要硬，缺了任何一手都会影响到最终的成交。换句话说，销售员对产品的性质越了解，对产品的功能越熟悉，对产品的信心就会越大。只有对自己销售的产品熟稔无比，才能让客户对销售员所推广的产品刮目相看。

因此，一个合格的销售人员，懂得让客户满意的根本是必须用对所销售产品的深刻了解来武装自己，这样有助于消除彼此之间的沟通隔阂。

介绍产品的 3 大要点

每一位客户在决定购买之前，都会问一个重要的问题："它对我有什么好处？"可以说，客户买的不是产品，而是产品带来的利益。

如果你推销衣服，产品介绍的重点就应该是个人的形象。

如果你推销人寿保险，产品介绍的重点就应该是亲人的保障。

如果你推销家庭用品，产品介绍的重点就应该是如何解决日常烦闷的工作。

如果你推销书籍，产品介绍的重点就应该是知识的价值。

如果你推销汽车，产品介绍的重点就应该是路上的喜悦和安全感。

如果你推销刹车器，产品介绍的重点就应该是安全、踏实。

如果你推销冷气设备，产品介绍的重点就应该是营造舒适和干净的氛围。

若想成为杰出的销售高手，就必须熟知你所销售产品的相关知识。而能用大量的事实做后盾的销售员，做销售必然会游刃有余。在熟知你所销售产品的相关知识的基础上，你需要注意的就是向客户介绍产品的技巧了。只有巧妙的、扬长避短的产品介绍，才容易让客户接受。一位钢厂销售人员在顾客询问"你们产品质量怎样"时，没有直接回答顾客，而是给顾客讲了一个故事：

前年，我厂接到顾客一封投诉信，反映产品质量问题。厂长下令全厂职工自费坐车到一百公里之外的客户单位。当全厂工人来到客户现场，看到由于自己生产的钢的质量不合格而给用户造成损失时，感到无比羞愧和痛心。回到厂里，马上召开了质量讨论会。大家纷纷表示，今后决不让一件不合格的产品进入市场，并决定把接到该顾客投诉的那一天，作为"厂耻日"。结果，当年我厂产品就获得省优称号。

这位销售人员没有夸耀自己的产品如何好，而是通过"一封投诉信的故事"就已经把自己产品的质量不显山不露水地介绍给了客户，这就是技巧。

"买卖不成话不到，话语一到卖三俏。"销售的关键就是说服。销售人员要激发客户的兴趣，刺激客户产生购买欲望，就要讲究介绍产品的技巧。客户购买的是产品利益而不是产品本身，销售人员要把产品带给客户的好处讲给客户听。人们都喜欢自己来尝试、接触、操作，人们都有好奇心。不论你销售的是什么，都要想方设法展示你的产品。

乔治是芝加哥的一名打印机销售员。一天，他去拜访一家公司的总裁，目的是向该公司的办公室销售一套新打印机。

总裁去了外地，乔治觉得总裁的秘书虽然不是自己的直接客户，却是自己所销售产品的最终使用者，便有意挑起总裁秘书的聊天兴致，并诱导她说出了对自己工作中使用的打印机的看法，喜欢它什么和不喜欢它什么。

乔治抓住契机，立刻向总裁秘书推荐了自己的新型打印机。

几个星期之后，乔治赴约再次造访，并给总裁秘书带去了小礼物——现在他们已经是朋友了，秘书安排他与老板见了面。

乔治开始介绍自己的产品。像很多销售人员一样，还没等乔治的自我介绍进行到一半，老道的总裁就打断了他的话："生产打印机的公司应当把眼睛盯在销售打印机的商店里，到那里去一显身手，他们才是你们真正的客户。"

乔治听后立刻拿出手中的王牌："先生，您秘书告诉我，她现在使用的打印机机械装置很完备，但是操作起来太费劲。她说从她下班前三小时开始打机频频出现错误，使她根本无法正常工作，是她的打印机影响了她的效率。我肯定，如果贵公司拥有了这种打印机，秘书小姐省力多了，工作效率自然会得到提升。先生，您难道不愿意吗？"

老板按下蜂鸣器。总裁秘书走了进来。老板指着乔治带进办公室的样品问："听说你觉得这种打印机效果很不错，是吗？它是不是比你现在用的那一台容易操作？"

"噢，是的，绝对没错！"秘书的回答让乔治很是得意。接着秘书按照3周前乔治教她的方法重新将机器演示了一遍。轻车熟路速度自然要快了很多。总裁当即拍板成交。

途殊同归，销售中介绍产品的技巧和方法有很多，不论什么策略，关键是要把产品销售出去，销售人员应该根据时机灵活运用。下面着重从向客户和向经销商销售产品两个方面讲一讲产品介绍的技巧。

第一，向客户介绍产品的技巧。

一个好的销售员应该借鉴华佗的治病箴言："望、闻、问、切"来向客户销售产品。

望：仔细观察能够发掘许多潜在客户。观察客户，一眼识别客户的层次、素质、需求、喜好等。如通过观察客户谈本公司和竞争对手时的语气语调来判断客户的立场。观察就是要运用你的视觉和听觉，多看、多听。只有通过观察，才能判断客户有没有需求及支付能力，才能判断该客户有没有购买你产品的欲望。

闻：每一种产品都有自己的味道，乔·吉拉德就特别善于品味产品。与"请勿触摸"的做法不同，乔·吉拉德在和顾客接触时总是想方设法让顾客先"闻一闻"新车的味道。他让顾客坐进驾驶室，握住方向盘，自己触摸操作一番。

问：销售人员要了解客户的需求是什么，最关心的是什么，最担心的是什么，最希望得到的是什么……然后，销售人员针对客户的需求介绍产品，就更容易打动客户。而销售人员让客户把需求表达出来的最好方法就是使用柔性战术：问。

切：实际考察客户的状况，了解客户真实的一面。客户的表白、回答不一定都是真实的，适当的时候，销售人员需要实地考察客户的状况。

第二，向经销商介绍产品的技巧。

实际销售过程中，很多人不敢见经销商，或者是还没有向经销商介绍完产品，就被赶了出来。主要就是没有把握到向经销商介绍产品的技巧。有的销售员一上来就向经销商报价，一听"这么贵，卖不出去！"马上陷入了僵局，不知道怎么往下说了。其实，向经销商销售产品的关键是要抓住经销商的牟利心理：该产品怎么才能让经销商多赚钱？怎样才能长久地赚钱？

通常在向经销商介绍产品时，先简单告诉对方产品是干什么用的，主要的用户或者消费群是谁，主要竞争对手产品的问题在哪里，再配以实施到位的奖励措施、政策，以长远合作，辉煌前景来诱导经销商。这时，即便你给予他的短期利益不是很多，但只要你能拿出诚意，切切实实地为经销商成长出一份力，他会把你当成一只值得投资的"潜力股"。"我们关注的是销量，你关注的是价差。""我借你渠道，你借我产品，大家共同赚钱嘛！"这样的表述重复几次，再辅以客观的数据说明，嘴再紧的经销商也会有松口的时候。

总之，巧用介绍技巧，因产品而异。只要销售人员善于分析产品特点，认真总结，每一种产品都能挖掘出广阔的市场空间。

至于如何弄懂自己所销售的产品，就要看你的技巧了。一般来说：

（1）介绍产品时要突出卖点

我们都知道，成功的销售依赖于一个好的产品。而介绍产品时突出卖点，才能更加显示出一个销售员的专业性。因为产品卖点不仅是销售员做好销售的"前哨战"，更是销售走向成功的突破口。

所谓卖点，是市场营销中引发消费者购买欲望的一种销售手段或技巧，或者说是指商品具备了前所未有、别出心裁或与众不同的特色，也可以说是企业为展示自己产品的独特性质和功能，而提炼的语言和演示。

一般情况下，卖点主要包括：常规卖点，即产品与生俱来的令消费者特别容易理解的特别之处，如质量卖点、功能卖点、颜色卖点；核心卖点，即通过营销策划人的想象力、创造力"无中生有"的极为专业的语言和演示，如价格卖点、造型卖点、形象卖点、渠道卖点。

然而，卖点并不能与买点画上绝对的等号。尤其是对于今天的销售市场，每天都会有一大批新的产品诞生，只有卖点对准了消费者尚未满足的需求时，利用无缝不钻、人异我新、人新我异、敢于否定等手法，才能形成产品差异化的实效。

（2）对产品的介绍要客观

销售人员为了能够推销出去更多的产品，提升业绩，往往在介绍产品时不切实际，夸大其词。但在这个过程中，过度地去介绍产品的优点、性能和价值，必然会造成两方面的损失：一方面是失去了了解产品的客户的信任，从而失去更多的老客户；另一方面也会让那些不知情的客户在购买产品后产生厌恶感，因为他们在日后的使用过程中，并没有感受到你夸耀的好处，从而不会再继续购买你的产品。

所以，销售员在向客户介绍产品的过程中，一定要诚实，尽量保持简单明了；一定要实话实说，清晰地分析产品优势，对于产品的缺点，要懂得尽量回避，但决不能隐瞒客户。

（3）用产品的附加值吸引客户

对于想做好销售的人来说，懂产品更要懂得如何利用产品的附加值去吸引客户。所谓产品的附加价值，是指企业给客户提供的产品除其核心质量之外的所有可以满足客户需求的价值。

众所周知，为了让更多的消费者成为自己忠实的客户，仅仅依靠产品的质量优势，或者通过价格战已经黔驴技穷了，而且一个产品本身的价值也是有限的，所以在商品日益同质化的今天，在竞争中取得一席之地的唯一出路就是提升产品的附加值，如品质附加、渠道附加、交付条件附加、形象附加等。

总之，不懂产品是无法与客户进行良好沟通的。只有对产品进行更多的了解，从而向客户提供质量合格、功能优良的产品，才能保持持续的销售额，甚至可以从此改变你的生活。

最有效的 7 个产品介绍方法

（1）展示销售法

展示销售法是常见的销售方法之一，其主旨就是力图让客户亲眼看到、亲耳听到、亲身感受到商品的精美和实用，把商品的特性尽善尽美地表现出来，以激发客户的购买欲望。这里，向大家推荐一个独具特色的实例。

"有奖品尝，答对可乐名者，奖可乐一箱"，这道横幅引人注目。许许多多的行人纷纷驻足观看，尤其是一些年轻人更是成帮结伙地挤到台前报名。

可口可乐公司将自己的可乐与其他可乐都倒满一杯，放在台前，编上号供客户免费品尝，如果能正确地辨别出可口可乐公司生产的可乐，就现场奖励一箱可口可乐。

这一招果然聪明，免费品尝就已经占了大便宜，答对了还能获得再得一箱的奖励，真是怎么算都不赔本啊。

事实上，消费心理学的研究指出，一般的客户，当他对一种商品产生兴趣时，就会产生强烈的排他性，对于其他同类商品视而不见，只选购认定的商品。可口可乐公司正是根据这一心理，采用"免费品尝，加赠一箱"的方法，对客户施加强势刺激，吸引客户。

这项别出心裁的展示销售活动取得了巨大的成功，使可口可乐成交额大幅上升。

（2）心理情感销售法

心理情感销售法，就是通过态度，使客户与产品之间形成心理和生理的联系。销售员在同客户建立情感、启动客户购买欲的同时，如能对产品本身注入情感，就可以说已经透彻地理解情感销售法了。下面既是一种把情感注入产品中去进行业务开发的好例，也是销售中对产品赋以情感吸引客户的最佳范本。

销售活动并不难，关键在于你是否具有创新思维，而销售创新活动的中心或精妙之处恰恰在于巧用情感沟通，建立客户与产品之间的情感联系。把握这一精髓，自然就能进入销售的精妙之境。

（3）扬善去恶介绍法

俗话说："老王卖瓜，自卖自夸。"没有人会说自己的产品不好，就算客户察觉到商品的缺点，销售员也要想办法加以掩盖或修饰，否则根本无法把商品销售出去。

强调自己商品的特色与优点是提升客户认同的关键。没有什么商品是十全十美的，对于商品的缺点，销售员要懂得去掩饰，这不是欺骗客户，只是一种转移的技巧。销售员的基本原则是，对方没有提到商品的缺点，就不要画蛇添足地多说话，令自身商品自曝其短，致使销售失败。例如销售保险的销售员，为了强调保险的保障性，常常会不假思索地说："保险很重要！万一你有个三长两短……"通常也因为这句话，马上会被客户撵出来，因为销售员提到了一般人最忌讳的"死亡"这两个字。由此可见，销售员在说明商品时必须注意避免刺激客户，运用扬善去恶的销售方式，尽量说明商品的优点，让客户遗忘缺点。

（4）避重就轻介绍法

若是客户发觉商品存在两项以上的缺点，就必须采用避重就轻的方法。也就是承认较不具伤害性的缺点，以免客户直接指出重大缺点，令你无计可施。运用避重就轻的方法可以掩盖部分缺陷，提高销售成功的可能性。例如在销售汽车时，客户同时提出进口车比国产车贵，耗油量大等进口车无法改变的缺点，这时销售员要立即承认进口车价比较贵，并以车辆使用年限较长且折旧率较低来掩饰，以免令客户想到汽车耗油量大，将会使长期使用成本增加的问题，从而降低购买意愿。

（5）投其所好介绍法

客户的喜好或兴趣经常引导他的买卖意愿，若能拥有启动客户意愿的钥匙，对于销售员来说可谓如虎添翼。例如在日本人气极高的 Kitty 猫平日就是一件热卖的商品，再经过麦当劳的促销后简直如日冲天，所有与 Kitty 猫扯得上关系的商品都是客户注目的焦点，大家争相购买而近乎疯狂。这就充分体现了投其所好的重要性，只要能够探寻出客户的需求在哪里，商品的销售就如同探囊取物。

（6）表演示范法

在客户面前，为了增加示范的感染力，销售员应该学会一定的表演技巧。表演示范的主要方法是做动作，有时连色彩、音响、气味等都要作为表演示范的辅助手段。比如，兜售洗涤剂的销售员，先往自己穿的衣服上倒上红墨水、油污，然后当场敷上洗涤剂冲洗干净，他边做边讲，眼见为实使人不得不相信洗涤剂的去污性能。一个起重机销售员，为了向客户说明他的起重机操作简便省力，曾让一个小学生在众多的客户面前现场操作他的起重机。

有时，销售员用一点戏剧化的手法进行示范，可以大大增强表演示范的效果。在做表演示范之前，应该经过精心设计，仔细研究程序安排与艺术处理，千万不可草率行事，否则就会欲速则不达。

销售员的表演应该给人新鲜感，不要重复老一套。

为了证明汽车轮胎的结实程度，销售员一改往常用铁锤敲打车胎的示范方法，使劲在车胎上面敲铁钉。

当然，在追求表演新鲜感时销售员不要故弄玄虚，表现过度，否则会招致客户的反感。

（7）体验示范法

所谓体验示范，就是在销售过程中让客户亲自体验产品，直接体会商品的利益与好处。激发客户的兴趣，其关键是使对方看到购买商品的利益所在。因此每一个销售员应切记：使客户看到好处，使客户产生好感，这是销售工作激发客户兴趣的关键点所在。

例如，销售员上门拜访时，为了引起客户对空调机的兴趣，与其说上一千遍空调机的优点，倒不如在炎夏季节请客户到一间装有空调的房间待上一会儿，让他亲身体验一下凉爽宜人的舒适感，这样，对方对购买空调机的兴趣和欲望便会激增。

只要条件许可，应尽量让客户参与体验示范，尤其是机械产品、电子产品的销售员，更应当满足客户亲手操作的愿望，让客户参加体验要比销售员自己示范更能引起客户的兴趣。

体验示范还包括让对方品尝、聆听、观赏等活动。

另外，优秀的销售员应当明白，任何产品都可以拿来做示范。而且，在10分钟所能表演的内容，比在1个小时内所能说明的内容还多。无论销售的是商品、保险或教育，任何产品都有一套示范的方法。

平庸的销售员常常以为他的产品是无形的，所以就不能拿什么东西来示范。其实，无形的产品也能示范，虽然比有形产品要困难一些。对无形产品，你可以采用影片、挂图、图表、相片等视觉辅助用具，至少这些工具可以使销售员在介绍产品的时候不显得单调。

优秀的销售员一般都喜欢使用纸笔。他们都随身携带纸笔，知道如何画出图表、图样或是简单的图像来强调自己的论点。

先把自己"卖"出去

销售员在与客户初次接触时,能否在客户心目中留下美好的第一形象,是销售工作能否顺利进行并取得成功的关键。因为,在人与人初次见面时,第一印象非常重要,它在很大程度上决定着你自我销售的成败,也影响着接下来的产品销售工作。所以,销售员要善于学会自我销售,把握决定自我销售成败的关键环节——好的开场。

(1)把握最初接触的30秒。销售能否成功的关键,在于最初接触的30秒。要想给客户留下成功的第一印象,就要有良好的专业形象。

前面已经强调过,作为销售员,一定要注意仪表,一站出来就是成功的样子,让客户眼睛发亮。高形象化,当然要从仪容仪表入手,服装、发型、配饰、公文包等各方面仔细装扮。任何一个小细节的疏忽,如深色西装,黑皮鞋配上一双白袜子,千万使不得!这些都会造成无可弥补的损失。相反如果一个销售员看起来神清气爽,格调高雅,眉宇间流露出自信的神采,让人有乍见之欢,那这笔生意基本已经确定,良好的开端是成功的一半。

在一般情况下,我们第一次在准客户面前出现的时候,他脑海中会浮现出7个疑问:

①我不知道你是谁?

②我不知道你是哪家公司?

③我不知道你公司的产品?

④我不知道你公司的产品有什么独特之处?

⑤我不知道你公司有怎样的客户？

⑥我不知道你公司的服务如何？

⑦我不知道你公司的信誉和口碑怎样？

如果不能在短短30秒的关键时刻中，消除准客户的这些疑惑、警戒和紧张心理，那么想继续进行销售，通常的结局是遭遇滑铁卢。

和客户接近是面谈的前奏。得体合适且能引起双方共鸣的接近，往往可以让我们掌握75%的成交率。顶尖销售员在进门的那一瞬间，就能被客户分辨出来。他们一出现就能深深吸引周围人的视线，全身散发出意气风发的独特魅力，光凭短暂的接触，就能给人深刻难忘的印象。

（2）打好30秒自我销售的草稿

当吉特默参加商业会议或从事建立网络关系的活动时，他的目标很明确，就是和人接触，寻找潜在的客户。自我销售是他常用的手段，通过提供的信息吸引住他正在交际的对象，并使他们对此做出反应。而潜在客户的反应就是购买的前奏和门径。

销售员应该如何做才能使自我销售更加有效呢？销售员应该如何把握住与客户最初接触的30秒黄金时间呢？

不打无把握之仗。销售员要想"决胜千里之外"，首先得好好"运筹帷幄中"一番，制订一份30秒自我销售的草稿就显得至关重要。在制订自我销售草稿时，销售员要设想一些初次与客户接触的情形，思考在最初接触中可能遇到的一些问题。

例如，假设我们正在参加一个客户所在商会的会议，他把我们介绍给其他人认识。别人通常会问："您是从事哪一行业工作的？"这时，如果我们来自临时雇员服务行业，如果回答"我是做临时雇员服务的"，那么就大错特错了。因为这样的回答会让我们的形象大跌，给别人留下不好的印象，中断了自己可能继续与客户交往的机会。

正确的回答应该是："我们是向您这类的公司提供高素质服务的应急临

时员工。当您自己的员工生病、缺勤或休假的时候，您就不用担心生产和客户服务能力降低了。"这样的开场白，会给潜在客户留下深刻的印象。

现在已经吸引了潜在客户的注意，就该开始提出力量型问题，以便搞清这个客户有多大价值。比如，可以问："您有多少名雇员？""您会给他们放一两周假吧？"或者"在这些假期您是怎样保障公司的服务水平不会降低的呢？"……

提出这些问题，可以进一步引发潜在客户的思考，让他对我们的印象更加深刻，为接下来的销售提供机会。

（3）制定30秒自我销售内容

销售员在与客户初次见面之前，要准备好自我销售的内容，尤其重要的是，要想好自我介绍的方法，做到有备无患。

要在最短的时间内表达最有价值的内容。在与客户见面的短短30秒时间里，说明下面的有关信息：

①你是谁；

②你是哪家公司的员工；

③有创意地告诉别人你是做什么的；

④向客户提出一个或几个力量型问题；

⑤向客户做一个力量型陈述，来说明你能如何帮助他们；

⑥告诉客户他们应该现在就开始行动。

在制定自我销售方案时，总是向客户提出力量型的问题，这样就给客户带来极其深刻的印象。一般来说，销售员在有创意地介绍完自己之后，应该问一个或几个力量型问题，让潜在客户思考并做出反应，从而获取我们所需要的信息。这些信息有助于摸清潜在客户的价值和需求，从而可以为展现你将如何为他们提供帮助而服务。

所以，力量型问题是整个过程中最重要的部分，因为它帮我们衡量出潜在客户的重要程度，使我们做出有力的回答。下面的5个方面是提出力量型问题时需要思考的：

①我提这个问题是为了获得什么信息？

②通过这个问题，我能衡量出这个潜在客户的重要程度吗？

③要得到需要的信息，我是否需要不止一个问题？

④我的问题能否引发潜在客户的思考？

⑤我的问题能否使我显得与众不同？

（4）在30秒内提出力量型的问题。

销售员在30秒自我介绍时，要针对各个需要涉及的领域，提出相应的力量型问题。大家可以使用下面一些开场白：

①您在找什么样的……

②您建议怎样……

③根据您的经验是怎样的？

④您是怎样成功地使用……

⑤您是如何决定……

⑥是什么让您选择……

⑦您是否喜欢……

⑧您想提高的是哪方面？

⑨您想改变什么？

⑩您怎样保持……

上面只列出了一些可以为我们带来有用信息的力量型的开场白问题。这样的问题，还有很多。销售员在实际操作中，要根据具体情况提前列出20个左右能让客户思考和给自己有用信息的力量型问题。

引导客户说"是"

一项心理学研究表明：人在采取拒绝的态度时，会牵动全身的肌肉、神经以及内分泌系统，态度僵硬，拒人于千里之外。但是，一旦回答"是"，心里便会积极接受外界的事物，不再精神紧绷。运用于销售工作中，销售员可以在客户拒绝之前，向客户提出一些他们不得不回答"是"的问题，从而逐渐形成心理定式，消除对销售员的戒备心理，这就避免了客户的拒绝，甚至可以说服客户做出购买决定。

一位客户从销售员手中购买了一台机器，可是没过几天，客户却要求退货，理由是机器使用的时候发烫。于是客户与销售员之间进行了一场这样的对话。

销售员："先生，您的想法我理解，新买的机器使用时发热，换成谁都不乐意。"

顾客说："是啊，新机器就这么热，那以后还怎么用呢？"

销售员："哦，先生，你所要求的这个机器的发热程度不会超过有关标准吧？"

顾客："是的。"

销售员："电器制造工业规定这种机器在使用时的温度可以比室温高出40度左右。您家的室温有多少度？"

顾客："28度左右吧。"

销售员："也就是说这个机器在您家使用时，温度在68度左右是正常的，对吗？"

顾客："对。"

销售员："先生，如果您把手放在68度的水中，你肯定会觉得手有些烫吧？"

顾客："是的。"

说到这里，顾客明白了销售员的意思，他也理解了其中的道理，又带着这台机器满意地回家了。

案例中的销售员在面对客户时，没有直接向客户解释机器发热的原因，而是先向客户提出一些问题。他利用这些问题让客户做出肯定的回答，使得客户形成心理定式后再向客户解释。这样更易让客户接受，也会更快达到说服客户的目的。

销售员与客户交流的目的是完成交易，因此要想办法避免客户的拒绝，只要让客户形成了"同意"的心理定式后，沟通就会顺利进行。销售时最忌讳的就是客户的一个"不"字，一个"不"字说出来，就代表接下来的销售将终止。我们应该想方设法避免客户说出"不"字，要引导客户说"是"，以此来消除他的戒备心理。你可以从以下几方面努力：

（1）了解客户肯定的喜好

作为销售员，要能够快速有效地与客户建立起沟通的桥梁。这样才不至于遭到客户的拒绝。要提出让客户回答"是"的问题，销售员首先要知道客户肯定的事物，了解客户肯定的喜好。人们往往会对自己熟悉的事物产生好感，所以寻找客户的喜好不失为引导客户肯定心理的有效方法。

（2）声东击西引导客户说"是"

销售员最好不要马上将话题引到销售的具体问题上来，而要以了解客户为前提，从客户熟悉并愿意回答的问题入手。运用二选一的提问方式，让客户不得不回答"是"。一系列这样的问题之后，销售员就在无形中接近了与客户的心理距离。

使用声东击西的提问方式来引导客户时，销售员要有效地规范和控制自己的提问内容，避免漫无目的地与客户谈论与销售毫无关系的话题，更要避免过于直接地向客户询问与产品直接相关的问题，这样才不会给客户以咄咄逼人之感。要让客户在我们预想的答案中做出选择。

（3）问题不能招人反感

提出的问题不能招致客户的反感，销售员要拥有准确的判断能力和敏捷的思维能力，针对不同的客户进行巧妙地提问。要因人而异，有所注意。譬如客户是女性，问题就不要涉及客户的年龄；客户是男性，问题就不要涉及薪水等。因为这类题可能会给对方带来心理压力，使之不愿再与你交谈下去。

让你的产品说出漂亮话

> 曾经有一个时期,所有的销售人员要靠撒谎才能取得成功,但现在,那个时代已经一去不复返了。
>
> ——约翰·帕特森

销售人员在将自己的产品推销给客户的时候,一定要采用具有说服力的方法才能获得客户的信任。在所有销售活动中,提供样品进行演示是征服客户最好的办法,客户只有亲自使用和体验产品才能对它的用途和效果有一个具体的、系统的认识,而不是单凭销售员的解说进行主观想象。所以,要想建立起与客户间的互信,就一定要重视产品测试和样品演示的作用。

战国时期伟大的爱国诗人屈原早在《天问》中就曾写道:"师望在肆,昌何识?鼓刀扬声,后何喜?"意思是说,姜子牙当年卖肉时,有意在铺子里故弄玄虚,把刀剁得叮当响,就是为了演示给客人看,以激起客户购买的欲望。

销售员在销售中对所销售的产品进行样品演示,能够将产品的特性、调试、优势和服务直观地展示出来。由于客户非常看重样品效能测试和演示中的结果,因此销售员一定要确保进行演示的产品在各个方面的质量。

一个笔记本电脑销售员为了将自己的产品推销给客户而亲自将演示样品摔到地上,在捡起后,电脑运行一切正常。客户被这样优质的产品深深打动,于是立即与其签订长期业务合作协议。

样品演示迎合了客户"耳听为虚,眼见为实"的心理特征,是值得重视的。尤其是现场演示销售在今天的各行各业大行其道的情况下,高效的产品演示可以让你获得更多意外的收获。一位在超市卖海鲜的销售员曾说:"公司严格要求我们必须在冰柜旁边演示焙制方法、展示焙制用配料,甚至还必须提供炒好的食物供客户品尝。而自从我们公司要求配合现场演示销售以来,仅仅是我们一家超市,一个月就要销 8 万~10 万元,是对面冷冻肉类等生活必需品销量的 3~4 倍。"

事实上,只要我们留心观察周围,大到交通工具、家用电器,小到食品、饮品,无不在进行着激烈的现场演示竞争活动。

产品演示是向目标客户提供具体的产品信息的直接渠道,可以使客户了解更多的关于产品本身的性能、特点、使用等信息。所以,销售员也可以将产品演示衍生为多种信息传播形式与客户进行交流、沟通,如文字信息、数据信息、图片信息、影像信息等。

当然,如果是针对产品的特点、产品本身、产品带给客户的利益方面的演示,即产品给客户带来了什么好处,应尽量介绍公司相关的政策和市场支持,从客户的生意角度出发,分析产品给客户的生意带来什么样的贡献。

一种不需要反复开关的新型空调,它的最大优势就是只要主人设定之后,有人在的情况下,它就会自动打开,而没有人的时候,就会自动关闭。

针对这一优势,销售人员用一组图画做了一次成功的产品演示:首先是一副主人拖着疲惫不堪的身体回到家的画面,其次是当主人打开房门的时候,安放在房间角落里的空调露出了可爱的笑脸,再次是从主人踏进房间的第一步开始,空调便自动打开了,及时为主人送上最舒服的感觉,就好像一位贴心的伴侣时刻伴随在自己的身旁。

显然，通过这样的产品演示，客户想象的空间很容易得到提升。改进沟通、强化记忆、减少客户异议、使客户产生拥有感，也自然会带动一定的销量。但产品演示并不是我们想象的那么简单，销售员在做产品演示时，必须使用客户的语言，表现出对自己产品的尊重，并保持演示简短。与此同时，还要尽可能地搜集竞争产品的资料，分析竞争品牌产品的优势与劣势，并将自己的产品优势放大，用提炼的独特利益点抗击竞争品牌产品的弱点。

现场产品销售演示已越来越成为一种重要的有别于站柜销售的销售促进方法，销售人员应该给予足够的重视和准备。

①演示计划。

现场产品销售演示需要制订合理的计划。因为演示的最终目的无疑是让客户对所销售的产品有一个更深入的了解，所以何时向客户演示什么样的产品特点，才能让客户最大限度地接受，就需要销售员预先做出计划。

你知道成功地登上过世界上超过8000米的、最高的14座山峰的人是谁吗？这个人就是美国最顶尖的登山家埃德·维耶斯图尔。但令人更加惊讶的是他是怎么做到的。

其实，埃德·维耶斯图尔的成功很简单，只是源于他有一个很好的计划，而且他在做计划时，通常喜欢从后往前来进行制订。如果说得再简单一点，就是他往往不会计算从地面爬到山顶的时间，而是将应该何时下山，才能在天黑之前安全回到营地计算得清清楚楚。

②产品本身。

产品是演示进行的最重要的前提因素。试想一下，如果没有产品，你用什么进行演示？所以产品本身是进行演示必备的工具之一。但是，产品的选择也必须遵循功能单一、操作简单、功能诉求性强的原则，这样的产品能将其主要功能迅速展示出来，效果非常明显。客户一看，觉得这个东西很管用，自然就会购买。

③视听工具。

圆满的现场产品销售演示，视听工具的准备也是非常关键的。

某品牌保暖内衣为演示其"保暖、抗风"等特点，特意选择了一个最冷的天气，并在商场外面的一个风口搭起了一个走秀台，让五六个漂亮的模特穿上他们的保暖内衣，迎着刺骨的寒风开始走秀演示活动。一个小时过去了，两个小时过去了，每个模特都依然精神抖擞，不流鼻涕、不哆嗦，效果非同凡响。

显然，模特就是演示给客户看的最直接的"视听工具"。其实，可以作为产品演示视听的工具还有很多，如图片、模型、视频、权威机构的检测报告、专家的论据、产品的销售统计资料及与竞争者的比较资料等。

一项心理研究表明，人们所接受的外部信息中，有87%是通过他们的眼睛接受的，只有13%的信息是通过其他四种感官接受的。所以，销售员只有准备充分的演示工具，才能做出完美的产品演示。

充分调动客户的想象力

以往，人们需要不断跟上技术发展的步伐；而现在，科技需要不断进步来满足人们的想象力。我们的客户成了技术创新的主宰，他们为自己选择娱乐和获取信息的方式，正是他们的直接反馈推动着戴尔的创新。

——迈克尔·戴尔

如果说在生活或工作中任何一件事情都需要依赖于销售，那么将销售人员称为这个世界上最重要的人，也可以说是实至名归。

马克思曾经说过："由产品变商品为惊险的一跳，正是这一跳才创造了价值。"而销售员就是完成这一跳的艺术家。

通用电气公司在成为世界著名的企业之前，曾经让一所小学阻挡住了前进的道路。通用电气公司的相关人员曾与这所小学的管理者联系了无数次，一直想让这所小学购买他们生产的教室黑板照明设备，但说了无数的好话都没有结果。

这时，一位推销员主动请缨，但他的做法并不像其他推销员那样老套，而是拿了一根细钢棍不急不忙地走进了这所学校的一间教室。当这位推销员站在教室黑板前时，本以为是来推销照明设备的老师以及学生对他充满了厌恶感，但推销员手中的钢棍又让他们充满了期待，期待着答案的出现。

于是，这位推销员面对台下诸多厌烦而又期待的充满矛盾心理的人，展开了他强有力的推销攻势："先生们，你们看我用力弯这根钢棍，当我不用力时它就又直了。但如果我用的力超过了这根钢棍最大能承受的力，它就会断。同样，孩子们的眼睛就像这弯曲的钢棍，如果超过了孩子们所能承受的最大限度，视力就会受到无法恢复的损坏，那将是花多少钱也无法弥补的。"

最后，这位推销员最终获得了成功。这所小学心甘情愿地接受了通用电气公司的照明设备。

在销售的过程中，销售员需要向客户做产品介绍。如果能够在此基础之上充分调动客户的想象力，就能够令客户在事实的面前产生认同商品的看法。因为人的想象力是不受局限的，也是我们无法衡量的。

通常情况下，对于同一个事物，不同的人会得出不同的看法。因此，这就要求销售人员能够用自己的专业语言，引导客户朝着有利于自己的方向前行，为客户的想象力铺平道路，使我们的产品最大限度地出现在客户完美的想象情境之中，从而达到销售的目的。

一位推销钙片的销售员遇到了一位倔强的客户，不管他说的话语多么动听，也不管他怎样劝说客户钙片是如何有营养，有多么多的好处，仍是一点作用都没有。

销售员为此倍感苦恼，不知应如何是好。后来，通过向心理专家咨询之后，他改变了推销的方法。通过了解，销售员发现这位倔强的客户非常喜欢打篮球，而且以乔丹为偶像。

于是，有一天，销售员这样对倔强的客户说："您是不是非常羡慕篮球场上的那些明星？但只是羡慕是没有用的，您需要补充营养，增强体质，才能像他们一样拥有强壮的体魄，从而在篮球场上主导全局。"

听着销售员的话，这位客户的脑海中浮现出了自己在篮球场上的潇洒身姿，并且手舞足蹈起来。最终，销售员利用客户的想象力卖出了自己的产品。

在现实社会中，有多少人可以抵挡得住想象的诱惑？那是一种可以让人迷醉其中的力量，甚至说得更加夸张一点，想象的诱惑具有神奇的魔力，使人无法抗拒。

一个卖花的小女孩向一位年轻时尚的小伙子推销玫瑰花。面对小伙子不屑一顾的表情，小女孩并没有苦苦哀求，而是用简单明了的、充满想象力的话语"拿下"了对方："先生，相信你一定知道女孩子都是喜欢浪漫的，而作为浪漫情结的象征，玫瑰花是最有代表性的。如果你愿意送一朵玫瑰花给你的女朋友，她会不会非常高兴？是不是会感觉到有你这样的男朋友真幸福……"

利用客户的想象力来进行推销，很容易使客户痛痛快快把钱从自己的口袋里掏出来，心甘情愿地交到推销员的手中！诚如爱因斯坦特别强调想象力的作用："想象力比知识更重要。因为知识是有限的，而想象力概括着世界上的一切，推动着进步，并且是知识进化的源泉。严格地说，想象力是科学研究中的实在因素。"

科学研究是这样，搞艺术创作是这样，做销售更是这样。想象力在销售中将越来越发挥着重要作用，因为这就是人性的本来面目——趋利避害的心理使所有人都在追求快乐，逃避痛苦。所以要想让客户接受你的产品，在向客户进行产品介绍时，就要充分发掘他的想象力，使他能够从心里感觉到这种商品的存在，能够真实地感受到只有获得这种商品，才能收获更多的快乐与幸福。

所以，曾经让比尔·盖茨、巴菲特、戴尔、杰克·韦尔奇都坐在台下细心聆听，并且在全球40多个国家举行过演讲、拥有超过千万的学生和追随者，甚至被全球销售人员视为偶像的世界权威销售培训师博恩·崔西如是说："从现在开始，倾其所能，尽其所能。"

当然，要成功激发起客户的想象力，就需要具备一定的技巧与方法。

①为客户"洗脑"。

让客户觉得眼前的商品可以给他带来许多远远超出商品价值之外的东西。因为只有潜在客户接受了或愿意接受自己的产品或服务时，才能做成生意，所以一个优秀的销售员应该在使客户充分了解产品优点的同时，激发客户的想象力，使客户的脑海中出现一个更加美好的新世界、新生活。

②出色"表演"。

把商品和真实的情节有机地联系起来。同时，你还要用十分的热情把客户可以联想到的图画像放电影一样有声有色地描绘给客户听。有人说，出色的销售员如同优秀的演员，可以把商品所能够带给客户的利益，通过有声有色的描述，传递给客户，使客户在脑海中想象自己享用商品的情景。

其实，在向客户介绍产品时，只要能够立足细节，充分调动客户的想象力，成功销售往往是很容易的。当然，你完全可以先拟定这方面的"演说稿"，但启发客户想象应该是基于现实的可能，而不应是胡思乱想。

与此同时，如果能让客户自己来计算数字那就更好了，因为这样做给他们的印象更深，理解也更透彻。

发现不一样

第 五 章

爆单四大支柱之成交技巧

爆单的基础——双赢

双赢，顾名思义就是互利互生，在不损害客户利益的前提下，有效地保全自己的利益。日本日立公司广告科长和田可一说过："在现代社会里，客户是至高无上的，没有一个企业敢轻蔑客户的意志，轻蔑客户。倘若一个企业只考虑自身的利益，那么它的一切产品都将是卖不出去的。"换句话说，企业如果不考虑客户的利益，不能实现双赢，那么就不会成功地实现销售。

销售员要明白，销售不仅是一项心理博弈，更是一种利益博弈。客户也知道"利益均沾"的道理。如果你的产品不能明确满足客户的需求，给客户带来利益，那么客户是不会与你合作，让你实现顺利成交的。试想，一个没有客户的销售员，他会顺利成交并提高自己的销售业绩吗？不！没有客户，就没有销售。因此，销售员想要实现成交，就必须站在客户的角度，才能赢得客户的"倾心"。

张某是一家打印机公司的总经理，由于自己企业的发展日新月异，现有的建筑面积已经完全满足不了企业的发展。于是他决定建造一个展厅。最后找到了一位建筑行业的能手，准备让其为自己设计一个展厅。

建筑商爽快地答应了张某的要求，并且表示自己会尽力为他设计出一个独具特色、独一无二的展厅。但是前提条件是，为了促进自己事业的发展，吸引更多的客户，需要允许自己在展厅建成后，带着自己的准客户来参观。对于这个要求，张某毫不犹豫地拒绝了。原因是他认为会给自己的事业发展带来诸多不便。

但是没过多久，张某就听说那位建筑师与自己的竞争对手合作了，并且除了建筑的造价低于一般建筑之外，还会对落成的建筑进行精装修。

难道竞争对手就不怕影响到自己的正常工作吗？最后张某得知：原来，竞争对手与建筑商达成协议，要在周末或是自己不忙的时间可以带客户来参观。要知道建筑商带客户参观，也为自己带来了更多的客户，同时还为自己的销售做了免费广告。除此以外，建筑商要想让自己的准客户满意，就必须竭尽全力地为建筑"花心思"以及装修。这样竞争对手就更不用担心建筑的质量问题了。一举两得，为什么不答应呢？

张某得知之后，后悔不已。但是再怎么后悔，也只能是于事无补。

也正是由于张某一味考虑自己的利益，而丝毫不顾及建筑商的利益，利益不能均沾，自然就不能很好地达成交易了。同样的道理，"建筑商"就好比是我们的客户，"张某"就犹如是销售员，只有当客户的利益得到满足，那么销售员的利益自然而然也就扩大了。

因此，在销售中，销售员千万不要一味强调自己的产品质量多么好，价格多么优惠，要知道客户关注的是自己的利益，只有让客户明白自己的赢利点在哪，你们才能够顺利地实现成交。

通常情况下，销售员怎样做才能与客户建立一种合作共赢、互惠互利的友好关系呢？

（1）介绍产品的立足点——客户的需求

一般情况下，客户产生需求，他才会去主动关注你的产品，关注你产品的功效。如果销售员在没有掌握客户需求的前提下，就对自己的产品进行滔滔不绝的介绍，那么即使你的产品再好，价格再低，不能满足客户的需求，就是你的产品最致命的缺点。

因此，在向客户介绍产品时，销售员要尽量明确客户的需求，并围绕着客户的需求点介绍产品，才能让你的介绍更有效，从而提升成交的概率。

（2）将产品带来的利益作为解说的重点

有时，客户对我们的产品产生需求，但是却在购买时犹豫不决，并不能立即做出决定。对于这种情况，销售员要知道，客户犹豫的原因就是不能确定产品是否能够满足自己最大化的需求，即是否能够为自己带来最大化的利益。而此时，销售员最好的做法就是重点强调产品能够为客户带来的利益以及附加价值。只有让客户明确感受到切实的利益，那么才能真正吸引客户，激起客户的购买欲望。

特别注意的是，销售员在阐述产品给客户的具体利益时，一定要态度诚恳，设身处地为客户着想，这样你的语言才具有说服力，进一步提高客户对产品的信任度。

（3）购买前真诚交流 + 附加值概念 + 长久合作 = 一次双赢的交易

这可以从三方面来理解。首先，介绍产品的时候一定要实事求是，告诉客户真实的情况，不要把产品夸得天花乱坠，因为这样会增加你的售后服务难度，别给自己设置障碍。其次，充分说明产品可能产生的附加值，譬如销售节能冰箱，在说明它的制冷效果等自身价值后，告诉客户使用它，一年可节省多少度电，这些附加值也是吸引顾客的卖点。最后，客户很怕上当受骗，所以将你的电话、住址等个人真实资料提供给客户，让他感受到你想与他长期合作。客户是不愿意与打一枪换一个地方的销售员合作的。

客户的眼睛是雪亮的，不要随意夸大产品带来的利益，否则将会增加你的销售难度。

有时解说并不能完全让客户明白，你必须拿出真凭实据或是让客户亲身感受，客户才会相信。

做好售后服务，进行定期回访，都是你保持与客户长久合作的关键。

可以说，实现成交的前提就在于买卖双方之间的利益共赢。在销售中，销售员不仅要考虑自身的利益，更要考虑让客户的利益得以实现。只有做到互惠互利，让客户切实感受到受益颇多，那么你才能够赢得更广泛的客源，让你的销售工作更上一层楼。

影响客户成交的 3 种因素

相对于目前的一些行业来说，销售无疑是一个具有很大挑战性的职业。如果一个销售人员可以满足客户当下的需求，可以同时为客户更好地解决心理压力提供参考方案，那么销售人员便可以轻而易举地打开一条进入客户心门的路。

同时，由于客户情感的脆弱和易波动性，我们也不难发现，追求快乐或逃避痛苦正是客户的购买动机。或者也可以说，销售人员的工作就是要找出这些快乐和痛苦，并告诉客户你的产品和服务是他们追求快乐或逃避痛苦的唯一方法。如果进一步说，客户所感到的各种快乐和痛苦，都是销售人员进行销售的机会。

然而，在现实环境中依然有很多销售人员时常在心底产生这样的疑问："我究竟适不适合做销售？怎么样才算是成功的销售人员？"

事实上，每一个人天生就是一名与众不同的销售员，只是销售的物品不一样而已。例如，站在舞台上的那些耀眼的明星，他们所销售的商品是他们的歌曲；电影里的那些大腕，他们所销售的商品是他们的精湛演技；在孩子的世界里，他们的哭闹是在把他们的需求作为商品，通过获得家长的同情从而销售出去。当然，除了这些之外，还包括父母对孩子的教育、劝导、说服、激励等都可以被看作是一种销售。

但无论是哪一种形式的销售，也无论是什么样的人销售，为什么经常会出现同样的产品，同样的支持政策，同样的价格，销售的结果却不一样呢？

劳斯先生工作了一天刚回到家，准备舒舒服服地坐进沙发里休息一下，却被太太迫不及待地拉住了："亲爱的，你难道没有发现咱们家今天有什么变化吗？"

于是，劳斯先生环视了一下："嗯，你不说我还真没有注意，今天家里好像比以前干净了许多，也明亮了许多，尤其是那几块大玻璃。"

"今天来了一个卖清洗玻璃设备的小伙子。"太太说道，"他推荐的商品真不错，我试用了一下，效果挺好的。而且价格也合适，维修也很方便。我觉得特别满意。"

"哦，这么好啊。你把新设备给我看看。"劳斯先生说。

"我没买。"太太随口说出这样一句话。

"为什么？"太太的回答马上引起了劳斯先生的好奇心："你说得这么神奇，怎么最后没有买下来呢？"

"因为最后那位销售员没有要求我购买啊。"太太耸耸肩，无可奈何地说道。

通过这一个案例，很多销售人员在推销过程的最后之所以会失败的原因便显露无余——没有开口请求客户购买。

众所周知，能否成交是决定销售成败的一个关键动作，是销售的临门一脚。但相关调查显示，有71%的推销员未能适时地提出成交要求。对于这样的销售人员来说，即使他们做足了销售前的介绍、陈述、异议的排除等工作，一旦缺少了最终的成交过程，就像足球或篮球运动员无论带球、传球的动作多么漂亮，如果不射门、不投篮最后都不计分。

如果再用一个例子比喻的话，销售人员在推销过程中没有最后的成交，就好像看好莱坞大片，销售人员就是这部大片的导演，但无论你在前期做了多少精彩的情节作为铺垫，如果最后没有一个让人感觉为之疯狂的高潮，都不能算是一部成功的大片。

简单地说，如果没有最后的成交，根本谈不上成功销售，甚至也谈不上最基本的销售。无论销售人员把销售过程做得多么完美，也无论在其中历经了多少艰辛，倘若不能拿到最后的订单，其结果只能以失败告终。对于一个销售人员来说，只有不断地成交，才能不断地提升业绩，赢得更好的发展前途。成交是销售的终极目的，也是销售员得以生存的命脉。

所以，在销售活动中，永远都只有两个硬道理：不仅要把商品卖上价，而且还必须卖出去。那么与销售活动中的其他环节相比，最后的客户成交必然存在着很多风险因素，这就决定了要想达成最后的成交，必须遵循一定的规律和技巧。倘若销售人员能找出这个规律，用以指导我们的销售活动，那么成功的概率就会大大增加。但遗憾的是，绝大多数销售人员都是"摸着石头过河"，即使是一些非常优秀的销售人员，也不能保证有100%的把握，往往失败于一些不应该有的细节上。

如果将影响客户成交的因素归纳起来，可以总结为以下几点：

①害怕成交以后会后悔。

客户之所以会出现这样的担心，可能是由于客户对商品本身的一些性能或价值还没有了解清楚，抑或是对销售人员以及生产商品的企业无法完全信任，从而导致客户不能心甘情愿地达成交易，抱有很大的后顾之忧。

②不知道是否可以真正满足自己的需求。

这种情况往往发生在销售人员对商品的介绍太快，还不知道客户真实的需求是什么，还没有和客户建立一个基本的关系的情况下，客户满头雾水，不知道是否可以真正满足自己的需求，从而不愿意快速达成交易。

③没有得到应有的尊重。

这是很多客户之所以会拒绝的一个重要因素之一。因为通常会有一部分销售人员自认为对商品的信息掌握足够多，而客户想满足需求必须由他们提供最好、最专业的建议。其实，销售人员用这种态度对待客户的时候，其中便隐含了这样一条信息："至于这是不是你要的，我不关心。我不在乎你是老客户还是新客户，在我眼里，你们都是一样的。你们都只是我利润的来源。"所以，在客户连最起码的尊重都无法获得的时候，他们是不可能愿意成交的。

散文随笔作家塞缪尔·斯迈尔斯曾经说过："成交是所有推销过程中最困难的一部分。大部分的业务员在进入这个阶段时，会觉得坐立不安，甚至想转身逃走。因为客户'买不买'的决策过程让他们觉得不自在，而且有一种失去控制权的不安。"

销售人员在了解了影响客户成交的因素之后，还必须注意以下几点：

①**客观对待客户。**

充分了解客户的需求，将正面、积极、热诚的一面展现在客户面前。当你客观地对待客户时，相信你的整体精神面貌会激发客户的成交欲望。

②**设身处地为客户着想。**

销售人员所销售的商品必须能满足客户的需求，并且也能让客户负担得起，而且最重要的是，要让客户知道，这件商品对他来说是最好的，同时也是唯一的选择。

总之，当你已经与客户沟通好，已经介绍完你的产品，已经回答了客户的疑虑，已经准备要敲定这笔生意时，你的任务就是尽可能迅速地带领你的客户走向成交。

不合理要求巧拒绝

讨价还价是客户的低价追求与销售者高价追求矛盾斗争的过程，面对客户不合理的价格要求，销售员要勇于说"不"，但要注意拒绝的方式，做到既不损害公司利益，也让客户下得来台，最好还能促成交易。

（1）限制条件拒绝客户

销售员可以以权限受到限制为理由婉拒客户。具体说来，就是指出自己缺乏满足对方需要的某些必要条件，例如：权力、资金、技术等。"对不起，这个已超出了我的权力范围，请见谅……""除非把现有的技术水平提高一倍，才能降低成本，满足你们的需要。"

销售员需要利用自己的能力有限来暗示客户其所提的要求是可望而不可即的，促使客户妥协。同时，言语之中，表现出自己积极的态度，这样既不会伤害到对方，又维持了良好的商业气氛。

（2）借社会局限拒绝客户

指出如法律、制度、纪律、惯例和形势等无法改变的客观局限。如："如果法律允许的话，我也同意。""只要不违背财务制度，这样也行。"

这种拒绝技巧就是销售员委婉地向客户提出自己有无法跨越的障碍，他的要求已经不属于你能同意的范围。这样既能对客户表示出自己的拒绝，又能取得他的谅解，而且拒绝的过程中又使用了委婉的词语，从而减弱了他的抵触情绪。看似同意，实际上是无法实现的，这是一种强调客观局限的否定。

（3）利益补偿拒绝客户

当你拒绝客户的某点要求时，可以在另外某点上给予补偿。比如，当客户提出较低的价格时，如果销售员对其断然拒绝，定会损害洽谈气氛，削弱客户的购买欲望，甚至会激怒客户，导致交易失败。为了避免这种情况，销售员在拒绝客户不合理价格要求时，应在自己利益能承受的范围内，给予适当的补偿，满足客户喜欢买便宜货的心理。如："价格不能再低了，这样吧，价格上你们让一点，交货期上我可以提前，如何？""对不起，这已是全市最低价了，这样吧，我们再帮您送回家，调试好，怎么样？"

这种给予一定的附加利益来拒绝客户减价要求的办法，需要很好的拒绝技巧，一般不会使交易因价格争议而失败。

（4）先谈价值，后谈价格

销售员在销售洽谈的过程中，要切记的原则是：一定要避免过早地提出价格问题。不论产品的价格多么公平合理，只要客户购买这种产品，他就要付出一定的经济代价。正是由于这种原因，起码应等客户对产品的价值有所认识后，你才能与他讨论价格问题。如果在此之前就与客户讨论价格，那就有可能打消了他的购买欲望，因为产品价格本身是不能激起客户购买欲望的。

只有使客户充分认识了产品的价值之后，才能激起他们强烈的购买欲望。客户的购买欲望越强烈，他们对价格问题的考虑就越少。所以，销售员在商谈中要尽量先谈产品价值，后谈价格。

（5）多谈价值，少谈价格

上一原则，强调了时间顺序的重要性，而这一原则主要强调的是谈话内容的侧重点，即在销售洽谈中，要求销售员多谈及产品价值方面的话题，尽量少提及价格方面的话题。这是因为，在交易中，价格是涉及双方利益的关键，是最为敏感的内容，所以容易造成僵局。化解这一僵局最好的办法是多强调产品对客户的实惠，能满足客户的需求。销售理论研究表明，价格是具有相对性的，往往客户越急需某种产品，他就越不计较价格；产品给客户带来的利益越大，客户考虑价格因素就越少。因此，要多谈产品的价值，少谈产品的价格。

（6）帮助客户谈价格

有些质朴的客户不知道他可以问这些问题。他只认为，当他问你价格时，你给出的价格就是不可更改的唯一价格。他不知道还有报价、询价以及最后敲定价格的过程，他不清楚价格可以由商议确定。

如果你的销售对象是那些通常会讨价还价的人，那么你先报价，你也会陷于被动。这个价格成了你们谈判的起点，结果往往是，你以低于最初报价的价格卖出产品。或者是交易失败。

所以，当客户问你产品价格时，你开始时可以说："价格会受到多种可变因素的影响。我能不能问您几个问题，好帮您得到最合适的报价？"接着就提问，这些问题可以引导客户做出购买决定，同时也可以帮助你得到有关价格的确切定位。

在客户向你询价之前，你应该清楚他已经看了哪些竞争产品。如果你知道竞争对手是谁，你就会知道对方的报价。

对于不知如何谈价钱的客户时，你应该采取下列措施：

首先，帮助客户避免做出不恰当的购买决定；

其次，不要想当然地认为客户知道如何谈价钱，要了解他的背景和购买经历，以便帮助他做出合适的购买决定；

再次，说明定价方式、订货流程；

最后，向客户解释，价格会因合同条款的不同和订货数量的不同而有所变化，从而帮助客户进行商洽。

你将他们所关心的问题一一地进行了解答，对方会很乐意与你合作，你的销售也因此而成功。

让客户自己说服自己

在销售过程中,销售员与客户进行的是一场问答比赛,成败在于是销售员的问题更精辟,还是客户的回答更刁钻。

要成为一名优秀的销售人员,不但需要具备一定的专业知识、敏锐的洞察力和积极进取的态度以及一定的演讲口才,还要掌握一些实用有效的提问技巧。

(1)惯性让客户说"是"

生活中,我们会有这样一种体会,当自己之前回答问题的答案一直是肯定的,那么之后的问题我们会因惯性也做出肯定的回答,不管我们真正的答案是不是肯定,这是一种惯性现象。

聪明的销售员在遇到客户想要抱怨的时候,不是去跟客户争吵,而是利用问题巧妙地来让客户肯定自己,这样才能让谈话在和谐的气氛下进行。

搜集客户资料,洞悉客户需求。销售员要对客户进行透彻的了解,只有这样,销售员向客户提出的问题才能是有针对性、能够切中要害的。否则,过于琐碎的问题只会适得其反,让客户感觉到压力。

引导客户自己发现问题。通过提问引导客户发现自己的不足和存在的问题,提问之后一定要让客户有充足的时间来听你帮助他分析问题,这样才会增加客户对你的好感。

增加客户信任度。当客户意识到问题所在,他会想要进行弥补,销售员不能太过急躁地向客户介绍你的产品，而应该先稳住阵脚，通过问题让客户对你建立起一定的信任，这样实际上是在为你日后的销售奠定基础。

（2）让客户自己否定异议

当客户向销售员提出异议的时候，我们往往可以通过以问答问的方式，让客户自己把自己的异议否决掉。销售员利用反问可以轻松逆转自己在谈话中的被动地位，转移客户的注意力，从而有效地把握谈话的主动权。

那么，在销售谈话的过程中，我们又应该怎样做呢？

用一个问题引出另一个问题。当销售员在销售过程中遇到了瓶颈，我们不要和客户一直纠缠在一个问题上，我们要用客户可能会关心的问题把他从那个问题上引开，从而分散他的注意力。

提问直击客户需求。销售员面对客户的质问，不要慌张，而应找准客户的需求所在，直接用问题"反击"回去，让客户看到产品的各种好处，能够给他带来很多利益，从而让他自己做出购买决定。

让客户自己否定那些无理要求。有些客户时常会提出一些无理要求，销售员没有办法达成，最终放弃销售。面对这样的客户，销售员要根据客户的要求找出漏洞，通过提问进行反驳，往往能够起到意想不到的效果。

（3）帮助客户做"选择"

当客户无法抉择的时候，我们可以利用"二选一"的提问方式，帮助客户进行选择，这样不仅可以帮助客户减少购买压力，也能够比较自然地从客户口中获取答案。

下面，让我们来看看"二选一"的提问方式都有哪些优势：

节省时间。销售员与其向客户啰啰唆唆叙述一堆，让他自己琢磨之后再去做选择，不如精简选项直接提供给客户。这样一来，不仅缩短了客户思考的时间，也提高了销售员的工作效率。

帮助销售员得到主动权。这种提问方式表面上是让客户进行自主选择，销售员并没有把自己的意愿强加给客户。实际上，客户要选的两种选项都是销售员制定的，销售的主动权依然在销售员手中紧紧掌握着。

我们要争当最优秀的销售员，把最专业的产品、最诚挚的服务奉献给我们的客户，而不是用那些专业术语去迷惑我们的客户。我们不需要有多么华丽的辞藻，也不需要有多么专业的术语，我们只要把产品完整的信息、功能用最简单的方式让客户明白，并且与客户做到高质量地沟通，这才是我们作为销售员的最基本职责。

成交之后应做的 6 件事

经过你的推销说明，客户终于与你达成了交易。成交之后，你怎样对客户施加长期影响呢？

虽然你已和客户道别，你的行为仍然是非常重要的。要知道，你和客户达成的交易，并不是凭借着几句花言巧语骗来的，因此，销售员应该记住对客户所作的承诺，答应客户提供什么样的产品，就应该送去什么样的产品，答应什么时间交货，就不要推迟一天。良好的信誉是销售员推销的生命，如果你在同客户的交往中不守信用，就会影响到以后推销活动的成功，影响你公司的发展。

推销时既然和客户达成了交易，那么剩下的事该是同客户道别了。但道别这一简单的过程并不是每一个销售员都能做好的。有的销售员和客户达成交易后就喜形于色，有的销售员达成交易后就急匆匆地想要尽快离去，这样的行为往往都会给客户留下不好的印象，以至于销售员前脚出门，客户就后悔签订了订货合同或认为不该买你的产品，尤其是那些勉强做出购买决定的客户，更有一种惊恐不安的感觉。因此，销售员在和客户道别时千万要注意自己的形象，要自始至终保持着自信，使自己的行为举止自然得体。

1. 始终保持自己情绪的平静

销售员在进行推销时会感到紧张，这是很正常的反应，特别是对于那些初次推销毫无经验的销售员来说更是如此。如果在这种情形下成功地推销出去一大批产品,销售员可能会异常兴奋,比如,当着客户的面就表现出欣喜若狂,不能自已。这些行为对推销活动都会产生不良的影响,因为此时仍有失去交易的可能。所以,对于销售员来说,要时刻保持清醒的头脑,要善于控制自己的情绪波动,对客户的购买行为要表现出很感激、很欣赏的样子,这样即使在你离去以后也能给客户留下很好的印象。因此,销售员无论何时都要善于稳定自己的情绪,否则客户会对你失去信任。

2. 善于运用你的笔

在你同客户达成交易之后,为了确保在收款和发货上不产生差错,要把有关资料都记下来,包括特殊的产品和颜色、交货时间与地点、交货方式以及付款方式,最好能够请求客户签字确认。因为人的记忆往往容易产生差错,因此,你就要勤动笔,把一切有用的信息都记下来,使你的推销活动井然有序、有条不紊,不产生任何差错。在销售员的整个推销说明中,要记住随时运用笔,将笔作为推销的辅助工具,使你的推销说明更生动。例如,你可以用笔指着资料夹中的部分图表,可以用笔圈住说明资料中的推销要点等。销售员要永远记住随身携带纸和笔,不要将你的笔当作装饰品,而应该让它真正发挥作用。俗话说"好记性不如烂笔头",就是提醒人们要经常使用笔。

3. 给客户一颗"定心丸"

人们经常会对某件事产生怀疑,有不安全感,这是人们很自然的反应。为了消除客户的最后顾虑,销售员应该对客户作一个明确的保证,承诺对自己的销售业务承担责任,这样有利于让客户感受到他的购买决定是明智的,也就是说,给客户一颗"定心丸"。这是销售员在成交之后应该做的一项工作,并且在向客户作保证时必须态度认真,语言诚恳,才能使客户相信自己。如果销售员采取敷衍的态度,容易引起客户更大的怀疑,从而有可能使交易失败。

4. 选择适当的时机和客户道别

达成交易以后，销售员要选择适当时机和客户告别。如果客户很忙，你不妨在达成交易之后从容地同客户告别，但如果客户有心同你交谈几句，你就不应该匆匆而去，特别是对那些经过长时间考虑后才决定购买的客户，你的匆匆离去会使他对你产生怀疑。另外，在同客户的交谈中，应尽量少说话，特别是尽量少谈论产品的事，要记住"言多必失"。在同客户的闲聊中，不要因为交易的成功而忘乎所以，夸夸其谈，这样容易引起客户的反感。在离去时应该同客户有礼貌地告别，对客户购买你的产品要表示感谢。

5. 确保下次来访时仍受到欢迎

销售员在同客户达成交易后，应该郑重地向客户道谢，千万不可流露出对这笔交易不在乎甚至不情愿的态度，否则当你下次再访时客户一定会还你以冷淡的态度。销售员随时都要注意做到谦虚有礼，不要表现出举止轻浮的气质，不然你就得不到客户的欢迎。特别是在与客户之间没有达成交易的情况下，销售员不要怒气冲冲而去，因为起码客户接见了你并和你进行了洽谈，何况你还得考虑与客户下次打交道呢。

总之，销售员的行动影响着自己的形象，影响到公司的声望，还影响到下次与客户打交道的受欢迎程度，因此你要随时注意友好地同客户交往，不理智的行为只会是自找麻烦。

6. 对整个推销工作的反思

销售员在完成了自己的推销工作之后，应及时对自己在推销活动中的一言一行作深刻的分析，总结在这次推销活动中的经验和教训。谨慎且客观地检讨你的会谈，了解自己在与客户进行联系、处理客户反对意见方面，在产品说明、技巧演示方面有什么值得改进的地方。通过这次的推销活动，你又学会了哪些新的推销技巧，你又和哪些客户建立了业务上的联系，客户对你所推销的产品哪一方面反对意见最大，怎样对产品进行改进，等等。先向自己提出这一系列的问题，然后再做好答案，作为资料保存起来，应该上报公司的情况应及时上报。做好这些工作，可以帮助你在下次的推销活动中改进技巧，增进同客户之间的友好合作与联系。

让自己和客户都紧张起来

我知道每天太阳升起的时候就该起床,我不能睡懒觉。生命就是不停地奔跑,不停地追求。

——原一平

谁能够抓住时间,谁就能够抓住生命的一切。

要想证实自己的人生价值,获得生命的成功,你就必须保持百倍的警惕,不要让时间白白拿走你的生命,哪怕是很少的一部分。

把青蛙直接扔到沸腾的水中,它会立即跳出来——神经刺激反应会很快。反过来,如果把它先放进温水中,下面逐渐加热,青蛙会在其中慢慢死去。前者因动物有自我保护意识,青蛙会不假思索,立刻跳出,保全性命。但是如果一开始青蛙泡在温水里,它会怡然自得地游来游去,水温不断升高也毫无察觉。等到感觉异常的时候,它已经没有爆发力了。

相对于青蛙的命运,下面这位老农的烦恼只可看作生活中的小挫折:

多年以来,一位老农的农田当中一直横亘着一块大石头。这块石头碰断了老农的好几把锄头,还弄坏了他的播种机。老农对此无可奈何,巨石成了他种田时挥之不去的心病。一天,又一把锄头被碰坏之后,老农想起巨石给他带来这么多麻烦,终于下决心要处理掉这块巨石。于是,他找来撬棍伸进巨石底下。他惊讶地发现,石头埋在地里并没有想象的那么深,那么厚,稍微用力就可以把石头撬起来，再用大锤打碎，石头轻而易举地清出了农田。老农脑海里闪过多年来被巨石困扰的情景，再想到本可以更早些把这桩头痛事处理掉，禁不住一脸的苦笑。

　　销售工作也会遇到很多问题，如果找出根源立即处理绝不拖延，就不会被这块"石头"长久压得你透不过气来。今天的痛苦就在今天解决和消化，不要拖到明天。老农最终成功的原因在于他终于下了立即行动的决心。同样，销售员只有形成了立即行动的好习惯，才会站在时代潮流的前列。

　　工作中一定的紧迫感可以为你提供动力，使工作得以更高效地完成。而拖拖拉拉、当断不断、当一天和尚撞一天钟的工作作风会成为你身体上的一颗毒瘤，时刻吞噬着你的生命。如果你听到了时光流淌的声音，那么就行动起来吧！做一个与时间赛跑的人，尽可能地充分利用每一分钟。

　　格里在威格利南方联营公司当了20多年的总经理，该公司是美国最成功的超市之一，他获得了数不清的荣誉。在格里看来，做销售，正确的工作方法是管理好自己的时间。他说，专业管理要在"同样多的时间完成更多的工作"中发挥作用，"我们在占用时间的数量上是相等的，我们在利用时间的效能上是不相等的。我们总是把时间用于重要的事情。没有足够的时间仅仅是借口，而不是理由"。格里在自己的时间管理上最重要的特点之一就是"给自己制造紧迫感"。

　　销售员不但要合理安排好自己的时间，给自己制造一种紧迫感、节奏感，而且应该注重给你的客户营造一种紧迫感，让客户感觉到和你做生意，是"机不可失，时不再来"的事情。客户紧迫感来自两个因素：现在买的理由以及投资回报。要制造紧迫感，首先应让客户想要你的东西，否则就不可能有紧迫感。

　　下面是一些给你的客户制造紧迫感的策略：

第一，限时报价。

要想让客户现在就购买你的产品，就必须熟练地运用销售技巧——制造紧迫感。你可以随时从报纸或者电视广告上看到这种限时报价的宣传手段。许多商场和超市都在运用这种技巧出售商品。销售人员也应该懂得借鉴这种方式，例如，你可以说某某报价在某一段时间内有效，客户如果错过的话，就会失去获得交易的大好时机。限时报价是如此的有效，以至于公众常常被铺天盖地的鼓动性广告所包围。在和客户做面对面的销售时，你也能够制造这种紧迫感，比如"买二送一"的交易等。

第二，在涨价之前订货。

个别销售员在向消费者销售保险时，常会有意无意地从两个方面告诉人们"保险会涨价"，督促人们赶紧买保险。说保险"会涨价"，主要是依据上期保险的同一个费率表（保险价格表）上每过一岁价格就上调一档的现象，告诉人们保险会随年龄增长每年"涨价"一次，引导人们产生年龄越小买保险越便宜的观念。对此经典而形象的表述是：早买一年保险，等于少交一年保险费。

所以，在销售活动中也不妨利用这一点来刺激你的客户，促成交易。"我们准备在本月底提高这款车的标价。"你可以在本月初说："所以，我建议你今天就订下来。"当然，说话之前，你必须要确保公司已经宣布涨价。信口胡编的做法是一种愚蠢的短视行为，因为你迟早会作茧自缚的。

第三，欲购从速，过期不候。

销售垄断性产品或者别处不易得到的东西，同样可以制造紧迫感。比如，一位房地产销售员对自己的客户说："我们公司的日程从今年6月到明年3月都已经排满了。今天是4月7日，要是我们能够从本月中旬动工的话,我就能够让您在 6 月前搬进新家。当然,如果您愿意等到明年的话,我也无话可说,但我将无法保证那个时候您还能够从这里拿到住房。"

总之,一旦客户对产品发生兴趣或产生渴望,销售人员就应该制造紧迫感,让他产生恐惧(怕失去该产品)。制造紧迫感最有效的方法除了以上所述,还有诸如特别供货、数量有限(最后一批)、时间有限、特别优惠、排队等候、大甩卖、货已售罄等。

每个客户都是"故事迷"

当你找不到路的时候,为什么不去开辟一条。

——原一平

销售员对客户推销自己产品的方式多种多样,可以根据具体的条件灵活改变销售策略。销售方法能否灵活变通,关键在于销售员的阅历和思想,因此,多多留心其他成功销售员取得优良业绩的方法,从他人的成功销售案例中总结适合自己的经验是积累阅历的重要途径,尤其对于刚刚步入销售行业的人来讲,分享他人的成功案例更加重要。

小李是某化妆品公司的销售新人,为了将自己的产品推销到一家大规模日化超市,她经过了一番煞费苦心的努力。

起初小李总是怀有不自信的心情,当看到货架前浓妆艳抹、头染黄发的女店员冰冷的面容时,她总会产生怯懦之心:"我应当怎么称呼她?""她会不会厌烦我的解说?"小李这样思前想后地挣扎一番后,慢慢走到女店员面前,低声说道:"您好!我是××化妆品公司的。"这时女店员透露出毫无兴趣的神色,瞪了她一眼说:"怎么了?"小李忙解释道:"我想见你们的经理,因为我们的产品……""经理没在。"没等小李解释完,那位女店员就打断她的话,然后很不礼貌地扭过头去。

小李很气愤,但为了工作还是硬着头皮推销起来:"你们的商品种类比较少,如果能够考虑我们的产品,也许能够为你们带来好处……"无论小李多么滔滔不绝,周围的女店员总是用冷漠的眼神看着她,这让小李的自信心倍受打击。

为了扭转这种"有伤自信"的销售方式,小李开始转变策略。她阅览了许多成功销售者的成功案例,总结其中的经验,领悟与客户沟通的形式,她了解到销售绝不是一种卑微的工作,而是一种带有创造性的自我发掘过程,只要坚持就能实现自己的价值,找到适合自己的销售策略。

此后,小李每周都会光顾那家潜在客户,与店员渐渐熟悉起来,用"你们挺辛苦的吧""最近好像很忙,累吗?"这样关切的话语来打动表面冷漠的店员,时间一长,小李与店员们成了"老朋友",业务的谈判也就畅通无阻了。

事实上,从成功的案例中学习经验方法,只是销售员学习到的九牛一毛。一个真正优秀的销售员更加懂得利用讲述关于产品的故事的方法,打开产品的传播渠道。因为一个合适的关于产品的故事可以直通人的感情神经,为客户提供快速的联想空间,比理性的叙述有效得多。

一个年轻人兴高采烈地走进一家理发店理发。当年轻人准备就绪,坐进椅子里等待理发师为自己理发时,只听见理发师关切地问道:"我为您讲述一个故事吧,这样也可以为您解解闷。""当然可以。"年轻人不假思索地回答道。

然而,在理发师为年轻人讲述故事的过程中,年轻人的表现却让人有点惊讶,两只眼睛睁得非常大,而且不时还有点颤抖。就这样继续了一会儿,年轻人终于忍不住了:"你为什么总给我讲一些鬼故事?你看我身上都起鸡皮疙瘩了。"理发师急忙道歉:"对不起!其实,我之所以讲鬼故事,并不是想让你起鸡皮疙瘩,而是想让你的头发竖起来,这样剪起来比较容易。"

故事的力量来源于对人的情绪的控制。尤其是从事销售工作的销售员,如果在销售前期阶段能够准备一些合适且具有说服力的成功案例作为故事，可以让产品更具人性化，给产品附加了一种光环，产生了一定的附加价值，使客户了解故事的同时，对产品进行了一次深入的沟通，客户往往会更加感性地去消费。

有人问，销售人员最希望成为谁？如果我告诉你，他们最想成为的人既不是乔·吉拉德，也不是原一平，而是孙悟空，你会不会感到吃惊。因为孙悟空有一根金箍棒，只需发号施令，让它长就长，让它粗就粗。而销售的关键点就是想方设法引导客户的情绪，使之产生行为冲动。如何引导客户的情绪，最简单有效的方法就是——讲述成功案例。

"日事日清""最完美的售后服务"等故事将海尔推向了世界舞台，成就了海尔的辉煌；牛根生每天忙于制造故事，一些文人跟在后面讲故事，这些故事让蒙牛迅速做大做强。总之，每个成功品牌、成功企业的背后都有丰富的传奇故事。同样，讲述丰富、传奇的成功案例，也可以成就销售人员。

如今世界上最容易赚钱的方式是什么？最容易赚钱的方式既不是创业做老板，也不是炒股买彩票，而是在家编故事，出门讲故事，见人卖故事。因为故事是一种可以促进产品信息传播、提升产品附加值、建立产品价值观，并使消费者更容易接受的一种新的销售技巧。

①故事不能脱离企业文化而随意传播。

不同的企业有不同的企业文化和发展战略，作为企业的终端销售人员，所准备的故事既不能脱离企业文化而随意传播，也不能背离产品的关键属性，而是要紧密结合产品的属性并符合产品的定位。

②故事要尽可能生动、有趣。

故事要想真正达到"成功"，关键是挖掘、策划、创造的故事具有传播性，而且必须本着生动、有趣的原则进行素材的寻找和故事的改编。所以，其中必然需要销售人员花费很大的力气，才能使准备的故事达到朗朗上口的程度，引起客户购买的欲望。

在网络占据了人们绝大部分时间的时代，信息过剩已经成为一个不争的事实。如果有人可以在这个时候及时为他们讲述、传播一些具有传奇性、曲折性、冲突性、戏剧性、趣味性的，能够使人感受到快乐、感动的关于产品的故事，无疑会成为销售沟通中直指客户需求心理的利器。因为这样的精彩故事具有无比的渗透力和感染力，犹如闷热中的一丝清凉、沉闷中的一份愉悦，可以轻而易举地沁入客户的感官之中。

三大手法助你快速成交

你不要单纯推销具体的商品，更重要的是推销商品的使用价值观念。

——海因茨·M.戈德曼

一天，小梅在咖啡馆约见了一位朋友引荐的客户。寒暄几句后，客户问道："我是听朋友介绍才过来的，你们的产品适合我吗？"

于是，小梅开始了强有力的销售攻势："我们的产品一定适合您。这款产品是刚刚上市的新品，它最大的优点是……"小梅似乎想要一口气把产品的好处说尽，根本不给客户反馈和反驳的机会。

出于礼貌，对方对于小梅的表现没有过多的表示什么，开始只是频频点头。但随着时间的不断延长，客户感觉小梅根本没有打住的意思，慢慢有些不耐烦了，不时地看表。又过十几分钟，客户终于按捺不住："算了，我看有时间咱们以后再聊吧。"客户扔下这么一句话之后起身离开了。小梅最终没有成交。

每一个销售人员都想通过让客户尽量了解自己的商品从而做出购买决定，只能说小梅太急于求成，没有找到合适的方式方法。而相对于小梅来说，小赵的做法似乎要高明许多。

小赵："您好，肖总，××公司，我是小赵。"

肖总："哦，小赵啊。"

小赵:"上次谈的关于提货的事,您考虑得怎么样了?"

肖总:"我看过你们发来的一些资料,还有一些照片,价格方面能不能再便宜一些啊?"

小赵:"我给您提到的价格是促销价,已经很低了,实在不好意思,不能帮您。"

肖总:"这样……(短暂沉默)现在有什么颜色?"

小赵:"现在的颜色比较齐全,而且大部分都是这个月刚到的新货,请问您打算要多少?"

肖总:"三四十件吧。"

小赵:"如果是这样,我先给您留三十件吧。"

肖总:"不不,我想想,还是留四十件吧。"

小赵:"可以,肖总,您什么时候打款?只要预付款一到,我立即给您发货。"

肖总:"周一吧。"

小赵:"好的,谢谢您,那我接下来就等您的款项了,如果因为别的原因没有收到您的预付款,我再打电话给您,好吗?"

肖总:"可以,我安排一下,让财务部的人争取快点拨给你。"

小赵:"好的,谢谢您,还需要什么帮助吗?"

肖总:"没有了。"

小赵:"好,再次感谢您,再见!"

没有成交,再好的销售过程也只能是风花雪月。不管你的口才有多好,也不管你有多么大的亲和力,但没有成交,一切免谈。所以,在销售过程中,方法很重要。而销售人员最常用到的主要有以下三种方法:

①**赞美成交法。**

有些客户总是那么绝情,无论销售员怎么劝说,他们都不肯"卖关子"。

此时，销售员唯有解开客户"心中结"，才能实现成交。在这个过程中，销售员可以通过赞美让客户不得不为面子而掏腰包。如"小姐，一看您，就知道平时很注重品位，这么好的产品一定可以提升您的气质……""您戴上这款项链真的很漂亮，非常配您的气质，戴出去肯定每个人都会投来羡慕的目光，我帮您包起来吧"等。

这种方法也可以通过赞美客户聪明、有智慧、是成功人士等，讨好客户，从而在客户"得意忘形"时，快速与客户成交。

②**主动成交法**。

这种方法是指销售人员在假定客户已经接受了商品价格及其他相关条件，同意购买的基础上，通过主动出击，直接要求客户购买商品的一种方法。由于许多准客户即使有意购买，也不喜欢迅速签下订单，他总要东挑西拣，在产品的颜色、规格、样式、交货日期上不停地打转。

这时，销售人员要想迅速抓住成交机会，节省销售的时间，提高工作效率，必须主动邀请客户进行成交，如"您看，咱们现在是不是可以把单签了？""那么，现在我就直接给您开票吧"等。

③**承诺成交法**。

这种方法是指销售人员直接向客户做出成交后的承诺保证，使客户解除后顾之忧，立即成交的一种方法。

通常客户下决心购买的时候，还是有些担心："购买以后会不会出现质量问题？如果买贵了怎么办……"对于客户的种种担心，快速成交的方法是，马上帮助客户排忧解惑，不妨向客户做出承诺保证，必要时，可以为客户出具一些承诺证明，增加客户的信任度，从而解除他们的心理防线。

对销售人员来说，能否运用恰当的成交方法，适时促成交易，是非常重要的。

一扇门还是一堵墙

第六章

扫清爆单障碍之客户异议

客户异议"话里有话"

销售员对于顾客的异议都存在着一定程度上的误解，认为客户的异议就等于是在拒绝。但事实上却是完全相反的，当客户表示不想买我们产品的原因时，他事实上是在表示一种意愿，希望我们知道他为什么要买的理由。

大多数销售员都希望在向顾客做推销时，客户不会提出异议，而优秀的销售员则更喜欢能够提出异议的顾客，因为他喜欢那些认真对待问题的人。如果一位顾客只是聆听而一言不发，在这种场合下，推销似乎对他们丝毫不起作用，因为他们对产品一点都不关注，所以也不需要销售员的任何解释。相反，如果顾客对产品的质量和价值比较感兴趣的话，就会提出异议，表示对于产品或是对于销售员的介绍，还有不满之处。

当顾客拿不定主意到底是否要购买我们的产品时，他们就会提出一些异议来，而这些异议并不是拒绝购买的信号，而是肯定会购买的信号，如果销售员处理得当，成交的希望就很大。大多数情况下，顾客会对我们的产品提出异议，是出于自身各种不同的考虑。所以，顾客的异议不一定都是真的，有时候确实是拒绝的理由，有时候只是自己的借口罢了。如果销售员不能够掌握顾客异议背后的潜台词，就会失去很多成交的机会。

比如，顾客常常会说："我并不觉得这个东西值这么多钱。"顾客这样说的潜台词就是，如果我们能够证明我们的产品是物有所值的，甚至是物超所值，顾客就会购买。

当顾客提出"我觉得尺寸好像有点不太合适"这样的异议时，潜台词就是，如果我们能够令顾客相信他们穿上这个尺寸正合适，他们就会购买。

当顾客提出"我只是随便看看"这样的异议时，其潜台词就是，只要我们能够说服他们购买，他们就会购买。

当顾客提出"我从来没有听说过这个牌子"这样的异议时，潜台词就是我们的产品很合他们的心意，但是他们不知道我们产品的信誉是否值得信赖，如果我们能够让顾客信赖我们的产品，就一定能够成交。

很多时候，顾客会提出异议是因为他们有所顾忌，或是害怕麻烦，所以他们所提出的异议，并不是他们真正的意图，因此，我们必须学会去辨别顾客异议背后的真正想法。当我们面对顾客的异议找不出真正的原因时，可以用一种愉快的、真诚的、非对抗性的方式来提出我们的问题，以使我们能够确定客户的思想脉络和真实想法。当我们掌握了顾客的真实想法，就能够通过事实来让顾客认清自己的需求。

很多销售员在客户提出异议时，不敢继续询问，怕招致顾客的反感。但遭遇顾客的异议时，我们应该一直追问下去。

一位男士在看过小王介绍的汽车后，说道："我想再考虑考虑。"

听到这样的异议后，小王问道："先生，我相信这辆车对您而言非常合适。您这样说的原因是什么？可以告诉我吗？"

那位先生接着说："我是想再考虑考虑。"

"您再考虑什么问题呢？也许我能够帮助您解决。"小王继续追问。

"没有什么，我只是需要时间再想想。"那位先生回答道。

"一定是有什么地方让您觉得不舒服了，请您一定要告诉我，是我吗？"

"哦，不是的，请不要误会……嗯，那好吧，我说实话，我觉得在价格方面超出了我的承受能力。"

就这样，在不断地追问下，那位先生终于说出了实情。一旦知道了顾客异议的原因是什么，我们就能够找出相应的办法去解决，从而促成交易的成功。

最好的情况就是，客户能够在异议中明确地解释出他为什么不愿意购买我们的产品。例如："我还是觉得××公司的产品更好一点，如果产品出现问题，只需要一个电话，就能够立刻得到解决。"这样的异议中，就明确指出了顾客对产品的要求。这时候，销售员就可以集中精力在如何让顾客相信，我们的产品在售后服务方面的优点，例如，回答说："我们公司除了设置了24小时售后热线，我们还能够三个小时之内帮助您解决产品的问题。"

同时，一般的顾客都习惯于使用自己现在已有品牌的产品，那么销售员要怎么说服顾客更换成我们的产品呢？这个时候，就需要我们十分耐心地一直和顾客保持联系，一旦出来新的产品，就打电话通知顾客，并说："我相信您现在使用的产品确实很好，但是我也相信您还没有碰到更好的，现在我们公司推出一种新产品，很适合您，请您下午过来看看吧。"

除了通过客户的异议来判断顾的真正想法，还可以通过顾客的肢体动作来了解顾客的想法。有的时候，顾客即便是对产品不满意，也不会说出来，但是会通过一些肢体上的动作，表示出无声的抗议。

当客户对销售员的推销不理不睬，表现出忙碌的样子，这就表示顾客并不想和销售员进一步交谈，但是出于礼貌他们不会直接对销售员说："你的介绍就到此为止吧，你所推销的东西我不需要。"

遇到这样的情况，大多数销售员就选择离开了。这样的行为不能够为我们带来任何好处，如果顾客对我们不理不睬，我们也可以适当地沉默一下。以引起顾客的注意，当他们为了缓和气氛，而主动和我们说话时，我们可以借此再次提到我们的产品，但是时间不宜过长。

如果顾客没有再与我们交谈的倾向，我们可以说："打扰您了，等您什么时候有时间我们再谈。"这时候一定要和顾客约定好下次见面的时间与地点，这样就能为下次见面留下余地。如果我们直接走掉，就失去了再一次拜访的机会，要知道能有机会和顾客预约下一次见面的机会，并不是一件容易的事情。

当顾客在与我们交谈时，忽然身体向后倾，双手抱胸，不再愿意和我们交谈时，就表示我们所说的话题，已经引不起顾客的兴趣了。所以，我们应当说一些顾客感兴趣的话题，引导他们与我们继续交谈，而此时，我们最好把话语权交给顾客。

当顾客频繁地看表，这是很明显在表示拒绝的姿势，这个时候，我们就可以问顾客："您有约会吗？定在几点钟？"当顾客明确表示确实有事时，我们就应该立刻告辞，并且不要忘记预定下一次面谈的时间；如果顾客说没有约会，我们就应该想一想，是不是自己的语言让顾客感到不耐烦了。这时候，就需要我们去讲一些顾客感兴趣的话题，或是调整一下我们的推销策略。

当顾客表示出东张西望，心不在焉的状态时，意味着顾客已经厌倦了和我们的谈话，希望尽快结束，这时，我们不妨暂停一下，和顾客约定下一次见面的时间，不要让顾客一次就对我们厌烦了，这样我们就很难再与顾客建立友好的关系了。

当顾客对我们递上的资料看都不看时，表示顾客对我们的产品不感兴趣，但是这并不表示顾客同样不愿意听我们的介绍，只要我们能在介绍的时候提起顾客的兴趣，就能引起他们购买的欲望。

不管是语言上的异议，还是通过肢体动作表示出的异议，只要销售员能够看出隐藏在身后的潜台词，就能够根据实际情况找出解决的策略，促成交易的成功。

精准识别客户拒绝真相

顶尖服务人员往往能够做好被客户拒绝后的心理建设,积极看待拒绝背后隐藏的正面意义,并从中反省检讨、不断修正自己。

——芮妮·伊凡森

香港推销大王冯两努曾谈到这样一件事:

冯两努正在收看电视上的股票行情,6岁的女儿走过来,向他提出要求:"爸爸,你给我50元钱。"

冯两努头也没抬就拒绝了:"去,去。"

女儿拉住他的衣袖,再一次提出要求:"爸爸,你给我50元钱。"

冯两努扭头看了她一眼,说:"过一会儿。"

女儿这时坐到他的腿上,拉着他的胳膊,再次提出要求:"爸爸,你给我50元钱。"

最后,"成交"了。

对一个销售高手来说,被拒绝已是家常便饭、稀松平常之事,没有拒绝才让人感觉奇怪。但客户运用各种借口来拒绝时,并不是我们看到的简单的表面拒绝。实际上,有些客户为了达到某种目的,往往会以一些堂而皇之的借口进行拒绝,并不想明确地提出自己拒绝购买的真正理由。

其实，无论客户拒绝时出于什么样的原因，可能是因为一些真正的理由不便告诉他人，也可能是因为想运用"战略战术"达到其他目的，如使价格更加优惠等，但毋庸置疑的是，他们提出的理由一般只是借口。此时，如果销售人员信以为真，并以客户提出的虚假的拒绝借口为基础，不去了解更多的细节问题，就会"误入歧途"。这种搞错方向的销售活动，最终只能与最初的目标越走越远。

这就好像两个正在谈恋爱的年轻人，已经到了谈婚论嫁的阶段，而且所有的准备工作都已经做好，迎亲的唢呐和轿子来到了门口，丈母娘却说彩礼不够、聘金太少，不嫁女儿。如果新郎信以为真，那么只能舍弃心爱已久的女孩，眼睁睁地看着她成为别人的新娘。

然而，如果"丈母娘"不愿意说出拒绝"嫁女儿"的真正原因，那么"新郎"难道就只能像无头的苍蝇一样到处乱撞吗？当然不是。对于客户提出的任何借口，你都不要轻易接受，而应投身市场、用心体悟。

对于销售人员而言，关键是能够从中抓住一些细节，例如，"您担心的售后服务问题在我们公司是绝对不会出现的。当然，您既然已经提出来了这方面的问题，是不是您以前遇到过，或者听别人说过？如果没有的话，我想您应该可以放心使用，您说呢？""我们的商品在合同上是有专门规定的，如果我们做不到那些，那我们这么大的公司损失的将不仅仅是您一位客户，还有公司的信誉等，难道我们会用假冒产品来欺骗您吗？""您的顾虑我们可以理解，不过我想您真正在意的一定是其他问题吧？"等。

总之，销售人员在与客户的沟通过程中，虽然客户提出的拒绝方式有很多种，而在种种拒绝方式背后，其实又隐藏着各种各样的原因：

①拒绝的原因是出于客户真实的意愿表示，可能是因为客户过去有不愉快的购买经历，如以前购买过你所销售的商品，而你所销售的商品也确实在某种性能方面存在缺陷。所以，客户对你的产品或服务在心底已经存有偏见。

②想通过拒绝达成另一种目的，所以拒绝的原因通常不是真实的意愿表示。如有些客户可能会说："你们的手机已经淘汰了，里面的软件版本太低，我还是看看其他的吧。"这些客户的真实意图正是想通过"淘汰、版本低"等问题，达到降价的目的。

由此可见，销售人员的的确确不应该对客户的拒绝深信不疑，更不应该感到恐惧或排斥。一个聪明的销售员会采取逐个击破的方法让客户接受推销，自有一套迂回战术。

①从客户的拒绝理由中听出弦外之音。

中国有句俗语："褒贬是买主，喝彩是闲人。"当客户以各种借口进行拒绝时，销售人员不应该就事论事，与客户展开激烈的辩解与讨论。因为客户一旦提出拒绝，并可以针对某些方面提出具体的问题，说明他们已经对产品有了兴趣。此时，销售人员与其用嘴与客户进行争吵或劝说，不如静下心来细细倾听，让客户感受尊重。同时，可以将客户的拒绝理由进行细分，从中寻找突破口。

②对客户的拒绝不隐瞒、不责难。

有些销售人员在遇到客户拒绝时，经常不经分析客户拒绝的真正原因，便开始盲目地夸大，对客户提出的疑义采用隐瞒的处理方法，甚至感觉客户提出的拒绝没有道理时，对其进行刁难。这正是他们的销售业绩无法提升的根本所在。

销售人员应该从心底真正明白，绝地背后潜藏无限的商机，没有拒绝就没有成交。所以，只有销售人员具备善于从细节中发现和把握化拒绝为接纳、化危机为转机的素质和能力，才能从客户的拒绝里，获取客户的真实资讯，判断客户的真实需求。

有效消除异议的 7 种方法

销售员处理客户异议的方法有很多，每一种都有各自的优点和不足。销售员在处理客户异议时，要具体问题具体分析。下面 7 种方法，是吉特默处理客户异议的好方法，值得学习和掌握。

（1）转折处理法

转折处理法是销售工作中的常用方法，即根据有关事实和理由来间接否定客户的意见。应用这种方法要首先承认客户的看法有一定道理，也就是向客户作出一定让步，然后再讲出自己的看法。此法一旦使用不当，可能会使客户提出更多的意见。在使用该方法过程中要尽量少使用"但是"一词，而实际交谈中却要表达出包含着"但是"意思的意见，这样效果会更好。

只要灵活掌握这种方法，就会保持良好的洽谈气氛，为自己的谈话留有余地。例如，客户向销售员提出异议：服装颜色过时，销售员不妨这样回答："小姐，您的记忆力的确很好，这种颜色几年前已经流行过了。我想您是知道的，服装的潮流是轮换的，如今又有了这种颜色回潮的迹象。"这样就轻松地反驳了客户的意见。

（2）转化处理法

转化处理法是利用客户的反对意见自身所带信息来处理异议。客户的反对意见是有双重属性的，它既是交易的障碍，同时又是一次交易机会。销售员要是能利用其积极因素去抵消其消极因素，未尝不是一件好事。这种方法是直接利用客户的反对意见，转化为肯定意见，但应用这种技巧时一定要讲究礼仪，而不能伤害客户的感情。此法一般不适用于与成交有关的或敏感性的反对意见。

（3）以优补劣法

以优补劣法，又叫补偿法。当客户提出的异议有事实依据时，你应该承认并欣然接受，强行否认事实是不明智的举动。但要记得，你要给客户一些补偿，比如寻找产品的其他优点来抵消产品的缺点，引导客户从产品的优势来考虑问题，让他达到心理的平衡，也就是让他产生两种感觉：

产品的价值等于价格。

产品的优点对客户是重要的，产品没有的优点对客户而言是不重要的。

补偿法能有效地弥补产品本身的弱点。世界上没有十全十美的产品，作为客户，当然要求产品的优点愈多愈好，但是真正影响其购买决策的关键点其实不多。

客户："这款车的车身看起来太短了。"

销售员："车身短能让您停车更加方便。如果您家里的停车位比较大，像这样的车还可以同时停两部呢。"

客户："这款车的工艺好像不是太好。"

销售员："这款车属于普及型。如果将涂装和内饰提高一个档次，价格可能要贵20%以上，况且，涂装和内饰并不影响车辆的行驶性能。"

客户："这款车的行李空间太小了。"

销售员："行李空间是比较小，但是它的内部空间很宽敞，坐在里面不会感觉很压抑。"

客户："这款车的马力太小了。"

销售员："马力是比较小，但对于您只在市区使用，已经足够了。而且，如果马力太大，油耗就会高，买高油耗的车实在是不划算。"

（4）委婉处理法

销售员在没有考虑好如何答复客户的反对意见时，不妨先用委婉的语气把对方的反对意见重复一遍，或用自己的话复述一遍，这样可以削弱对方的气势。有时转换一种说法会使问题容易回答得多。要注意，复述时只能减弱而不能改变客户的看法，否则客户会认为我们歪曲他的意见而产生不满。销售员可以在复述之后问一下："您认为这种说法确切吗？"然后，再继续下文，以求得客户的认可。比如客户抱怨："价格比去年高多了，怎么涨幅这么高？"销售员可以这样说："是啊，价格比起前一年确实高了一些。"然后再等客户的下文。我们的认同会让客户的抱怨得到缓解，无形中气势就弱了。

（5）合并意见法

合并意见法是将客户的几种意见汇总成一个意见，或者把客户的反对意见集中在一个时间段讨论。总之，是要起到削弱反对意见对客户所产生的影响的效果。

但是，要注意不要在一个反对意见上纠缠不清，因为人们的思维有连带性，往往会由一个意见派生出更多反对意见。解决办法是在回答客户的反对意见后马上把话题转移开。

（6）反驳法

反驳法是指销售员根据事实直接否定客户异议的处理方法。理论上讲，这种方法应该尽量避免。直接反驳对方容易使气氛僵化而不友好，使客户产生敌对心理，不利于客户接纳销售员的意见。但如果客户的反对意见产生于对产品的误解，而我们手头上的资料可以帮助我们说明问题时，不妨直言不讳。但要注意态度一定要友好而温和。在解释过程中，最好是引经据典，这样才有说服力，同时又可以让客户感到我们的信心，从而增强客户对产品的信心。反驳法也有不足之处，这种方法容易增加客户的心理压力，弄不好会伤害客户的自尊心和自信心，不利于销售成交。

（7）冷处理法

对于客户一些不影响成交的反对意见，销售员最好不要反驳，采用不理睬的方法是最佳的。千万不能客户一有反对意见，就反驳或以其他方法处理，那样就会给客户造成我们总在挑他毛病的印象。对于无关成交的问题，可以不予理睬，转而将话题引到我们要说的问题上来。

客户："这种款式的车卖多少钱？"

销售员："您先别急着讨论价钱，先看看它符不符合您的要求再说，主要是喜欢。您说呢？"

客户："这辆车看起来不错，要多少钱呢？"

销售员："价格是很有吸引力的，您先了解一下它的性能，看看是否能满足您的需求。"

客户："那你先给我介绍一下吧。"

销售员："好的。"

在实际销售过程中80%的反对意见都应该冷处理。但这种方法也存在不足，不理睬客户的反对意见，会引起某些客户的注意，产生反感，且有些反对意见与客户购买关系重大，销售员把握不准，不予理睬，将有碍成交，甚至令销售员失去销售机会。因此，利用这种方法时必须谨慎。

遇到暴躁客户不必怕

销售员的工作性质决定了常常要和不同性格的客户打交道。有的客户性格温和，让销售员乐于接受；有的客户性格偏执，销售员也会平静对待；但是有的客户却异常暴躁，不管是出于何种原因，也许可能与销售员毫不相干，但是他们不管三七二十一，就将身边的销售员训斥一番，这是最难让销售员接受的。因此，大多数销售员，尤其是刚入行、经验不足的销售员在遇到这种情况时，总是与客户"对簿公堂"，最终不欢而散。

对于一个称职、聪明的销售员来说，他们通常注意察言观色，懂得如何安抚客户，最终实现销售。

销售员小齐接到一项紧急任务，要在今天拿下一位大客户。当来到客户的门口时，小齐忽然听见里面有吵骂声，还有打碎东西的声音。但是为了完成老板交代的任务，小齐不得不硬着头皮敲开了客户的门。

小齐："您好！请问这里是潘××先生家吗？"

客户："我就是！"

小齐："不好意思，打扰了！我是××保险公司的销售代表小齐，我这次……"

客户："销售员？又是一个销售员！这几天是怎么了，我们家没那么多钱让你们骗！"

小齐："先生，想必您对保险还不了解。其实，保险是……"

客户:"我比你了解得多!别在这胡搅蛮缠!你走不走,不走我可要赶你了!"

小齐不得不落荒而逃,但是想到今天的任务,上司怪罪下来的话,那么可能就会被"炒鱿鱼"。于是小齐赶紧给素有"小诸葛"之称的同事小卢打电话,让他赶紧过来帮自己完成这笔紧急的交易。十分钟左右,小卢赶到后,敲开客户的门。

小卢:"您好,打扰到您了。我想找一下潘××先生,请问您就是吧?"

客户:"是,做什么?如果是推销的话,赶紧走!我们不欢迎!"

小卢:"究竟是什么事情,让您这么生气?说出来或许会好一点。从健康角度说:'怒伤肝',身体要紧呀!"

客户:"呃,也没什么大事。"(语气舒缓了一些)

小卢:"我今天刚好没事,不介意的话,您可以给我说说。或许心情会好一点。"

客户:"今天上午由于工作上出差错,公司闹出了很大的乱子……"

(客户毫不避讳地讲出了事情的原因,小卢最后也为客户提出了一些解决的方法。)

客户:"真抱歉,我刚刚真是气急了,不小心连你也骂了!没关系吧!"

小卢:"没事的,谁都有心情不好的时候。和您交流我也是收获颇多呀!"

客户:"哦,对了。你是?"

小卢:"我忘了向您自我介绍了,我是一名推销保险的销售员,您可以叫我小卢。听李总说,我们新推出的产品有一款比较适合您,因此他让我推荐给您看看。"

客户:"嗯,那把你们的产品目录拿过来吧!"

轻而易举地,小卢就征服了客户,实现了成交。

案例中的客户也正是由于工作中出现的不愉快,进而产生暴躁情绪,大喊大叫,将自己的怒气撒在前去推销的销售员身上,如果销售员不懂如何处理，那么就如案例中的小齐一样，束手无策，只能空手而归。正是销售员小卢以退为进，转移客户话题，才让这场"风波"平息，最终实现销售。

那么，为了不给暴躁客户发脾气的机会，影响自己的销售，从而有效沟通下去，销售员应该从哪几方面努力呢？

（1）找到暴躁客户脾气"突起"的原因

实际上暴躁客户往往比那些沉默寡言的客户更容易应付。因为这类客户只要心中存在一点不满，马上就会"怒形于色"，销售员只要具备察言观色的本领，那么往往就不需要进行多余的猜测。当然，为了更好地控制那些客户的情绪，不给那些暴躁的客户发怒的机会，销售员就一定要找到那些暴躁的客户发脾气的原因，基本来说，那些暴躁的客户发怒的心理原因有以下几个：

自我期望过高：有时候客户对于某件事情或是某个事物一直都具有很高的期望，但是尽管已经尽了一切的努力，可是依旧未能如愿。此时难免产生心灰意冷的情绪，心中的愤懑无处排解。刚好碰到销售员来"烦心"，因此就抓住了这个排解压力的好时机。

报复心理在作怪：生活中，如果遇到一些自己信任的人，却做出了对自己不利的事情，那么双方在交涉时，就往往会大动肝火。销售也是一样。比如，客户在以前的时候一直很信任推销人员，但是由于某些销售员的长期失信，让他们产生了一种报复心理，当他们再和推销人员交流时就会显示出非常负面的情绪，甚至是失去理智，自然就不能顾及销售员的感受了。

对销售员感到失望：以前有过不愉快的购买经历，或是受骗的购买经历等，都会对前去推销的销售员产生失望和不满，由于偏见的影响，那么客户的态度自然不会好。

只有首先明确客户暴躁的原因，你才能够统筹好自己的解决对策，抓住症结，成功销售。

（2）对症下药——找到合适的解决对策

不论客户是什么原因而产生暴躁的情绪，对销售员发脾气，销售员都应该正确对待客户的暴躁，安抚客户的暴躁心理，尽量将客户的暴躁"扼杀"在摇篮里。只有这样你才能顺利与客户进行沟通。下面就为你提供几种有效的应对方法：

转移客户的暴躁点：客户按照自己认为的原因或是思路发怒时，销售员最好在客户盛怒的话语之中，找到一些其他相关的内容转移谈话方向，进而缓和一下客户的暴怒情绪，这样会对你的销售起到一定的帮助。

消除客户的防范心理：客户的防范心理越强，实现成交的概率就会越小。为了消除客户的防范心理，不给客户发怒的机会。销售员最好给予客户一定的关心，帮助客户解决心中的疑虑。先交朋友，再谈销售，这种方法恰到好处。

多站在客户的角度上说话：有时，销售员说出一些与客户意见相左的话语，客户得不到支持，那么客户就会显示出愤怒的表情。这个时候，销售员千万不要再把这些"星星之火"说下去，而是尽量换一种婉转、含蓄的说法，站在客户角度上去阐明问题，这样客户就会因为被理解而消除怒气。

销售员要注意，千万不能与暴躁的客户硬碰硬，摆出一副盛气凌人的架势，这样只会让客户更为恼火。当然，有时客户的怒气已经"燃"了起来，那么不妨保持镇静，不露声色地听客户"发泄"，有时候冷处理也会突显奇效。

总之，平息客户怒火最重要的技巧是以尊敬与理解的态度正确看待客户的愤怒。我们要知道这个道理，那些暴躁的客户同样是销售员十分重要的客户，他们的愤怒一定有其理由。销售员要做的就是用自己所掌握的资料和手段，让那些客户没有发怒的机会，这样你才能赢得更多销售良机。

主动处理投诉和抱怨

销售员在做售后服务工作的时候，要主动处理投诉和抱怨，掌握处理客户投诉、化解客户抱怨的技巧和方法。

（1）投诉处理技巧

最让销售员感到头疼的问题，恐怕就是来自客户的投诉了。如今消费者的维权意识逐渐增强，一旦销售员的服务不能够令客户感到满意，销售员就会招致客户的投诉。处理投诉是一件压力巨大的事情，如果投诉处理不好，会影响客户与企业的关系，有些投诉甚至会损坏企业形象，给企业造成恶劣的影响。

但这并不意味着，被投诉就是一件糟糕之极的事情，凡事皆有两面性，投诉也是如此，关键在于我们怎样看待。如果我们把投诉看作灾难，那么必定会打击我们的工作积极性；如果我们把投诉看作机会，就能够从客户的投诉中发现我们存在的缺陷，并且投诉还可以为我们提供继续为客户服务的机会，促使客户成为公司的长期客户，最重要的是还能够提高我们自身的专业素养，使我们不断取得进步。

销售员在主动处理来自客户的投诉时，应按照以下几个步骤进行操作：

首先，分析投诉产生的原因。

我们之所以会接到客户的投诉，最根本的原因是客户没有得到预期的服务，即实际情况与客户期望存在差距。即使我们的产品和服务已达到良好水平，但只要与客户的期望有距离，投诉就有可能产生。这些原因包括：

①他们的问题或需求得不到解决，也没有人向他们解释清楚；

②没有人愿意承担错误或责任；

③因为某人的失职令他们蒙受金钱或时间的损失；

④在使用服务过程中，有的销售员歧视或小看客户，没有人聆听他们的申诉；

⑤客户认为销售员应该义不容辞地去解决一切问题。

其次，分析客户投诉的目的。

解决投诉的前提是弄明白客户投诉的目的，没有客户会无缘无故地进行投诉，他们投诉无非是想要达到自己的某种目的。有的客户投诉，是希望他们的问题能得到重视。这需要我们对他们的问题做出迅速与彻底的反应，而不是拖延或沉默。客户希望听到"我会优先考虑处理您的问题"或"如果我无法立刻解决您的问题，我会告诉您处理的步骤和时间"。

客户需要销售员耐心倾听，而不是埋怨、否认或找借口，客户的倾诉可以缓解不满情绪，销售员认真倾听才能弄清问题找出解决之道。有的客户投诉，是为了能得到相关人员的热情接待。客户需要我们对他表现出关心与关切，而不是不理不睬或应付。客户希望自己受到重视或善待。他们希望接触的人是真正关心他们的要求或能替他们解决问题的人，他们需要被理解和设身处地的关心。有的客户投诉，则是为了获得额外的赠送服务。

那么，我们该如何去处理投诉呢？这需要我们十分认真地去对待。俗话说：态度决定一切，首先我们要从心理上欢迎客户的投诉，其次，就是在行动上合理解决投诉。

（2）化解客户抱怨的方法

在销售过程中，尽管我们已经竭尽所能，但是还是有客户对我们感到不满意，还是会抱怨产品和服务。遇到客户的抱怨时，销售员要保持乐观的态度,积极处理客户在使用产品和服务时遇到的问题。

优秀的销售员通常会耐心听取客户的各种异议、抱怨和牢骚,会从客户的有效建议中发现自己产品和服务的不足,有效缓解矛盾,想方设法化解客户的抱怨。对于那些刚入行不久的初级销售员来说,学会如何处理客户的抱怨是一门非常管用的技术。在遇到客户抱怨时,应该做好以下工作:

①做好遇到抱怨和投诉的心理准备。世界上没有百分之百完美的产品和服务,客户的要求各种各样,所以,在销售产品中遇到客户的抱怨是非常正常的事情。提前做好心理准备,遇到客户抱怨才不会感到无所适从和烦恼,能够冷静应对。

②耐心地听完客户的话。有些销售员在遇到客户抱怨时,还没有等客户讲完自己的问题就插话打断,不停地解释说这不是自己的过错。这往往适得其反。保罗·赵说:"沟通首先是倾听的艺术。"松下一位商界领袖说:"沟通首先是倾听的艺术。"幸之助把自己的全部经营秘诀归结为一句话:"首先细心倾听他人的意见。"一位公司总裁说:"善于倾听不同的声音,是企业领导成功的关键。"丘吉尔说过:"站起来发言需要勇气,而坐下来倾听,需要的也是勇气。"在日常生活中,倾听是我们与别人沟通的一个重要组成部分,倾听是人类沟通最有效的工具,倾听是领导有效沟通的一个重要技巧,倾听是成功人士的必胜绝招。失去了倾听能力,也就意味着失去了与他人共同工作、共同生活的可能性。对于客户来说,他们需要的是我们的耐心、仔细倾听,而不是无用的解释。

③鼓励客户说出他们心中的不满。客户抱怨有很多原因但又可能不直接说出来,这就需要销售员进行细心引导,想方设法让客户说出心中的不满,想办法化解矛盾。

④一定要对客户的抱怨和疑问给予回复。无论客户投诉的问题能够解决到什么程度,都要及时告诉客户,让客户知道我们是在关注处理他的问题,从而减轻他们内心的愤怒。

⑤表示感谢。即使是由于客户自己的原因，而损坏了产品或没有达到其期望的要求，也要感谢客户。因为客户的建议，是使我们不断前进的动力。

⑥勇于承担责任，不要推卸责任。在处理客户抱怨时，推卸责任往往会激化矛盾。最明智的做法，就是勇于承认自己的错误，平息客户的怒火，并进一步分析问题的所在。

⑦迅速行动。针对客户的投诉和抱怨，找到问题和解决办法后，要迅速行动，不拖拉。

⑧记录客户的意见，以备遇到相同问题时能够快速解决。

总之，客户是我们的生存之本，应该尽量解决他们的投诉和抱怨，化解存在的矛盾。同时，要理解客户的各种情绪，提高自己的服务水平，满足客户的需求。

用数据和案例征服客户的心

信任是消除异议的最有效方法。要想让客户对你的产品产生信任，就要学会用数据、案例来说话，这样客户才能信服。因为在人们的意识中，这是经过精心测算和用心观摩实践的，一定是可信并确信无疑的。

客户："其实，这辆汽车我感觉也是挺好的，但就是安全性方面……"

销售员："您可以放心。它的安全性符合国际最高标准，所用钢材性能达到国家标准。另外，它的动力很强，您不用担心。"

客户："哦……"

销售员："您请看，这是汽车的质检报告。到目前为止，它已经远销100多个国家和地区，并且销量连年上升，已经连续六年位居销量第一了，同时还被多个机构评为'年度最安全汽车'呢！这些您可以在网上查阅一下。"

客户："嗯，看来我是选对了，没白跑一趟。"

销售员："呵呵，忘了告诉您，它还是由××明星代言的。"

客户："真的呀，这一辆我要了。"

从案例中，我们可以看出，客户对销售员介绍产品的优点并不感兴趣，相反，当销售员用事实、数据说话时，客户猛然间来了兴趣，并下定决心购买。可见，数据、案例的魅力真的很大。所以在销售中，销售员不要单纯地介绍产品的质量，而是学会将自己的事实用数据、案例反映出来，这样才会更具说服力。

但是这并不是说，数据、案例就一定具有绝对的说服力，在运用时，通常会存在一些技巧性的问题。如果销售员运用不当，那么自然会对自己的销售造成不利的影响。下面的几方面，销售员一定要注意：

（1）数据、案例要精确、真实

运用数据、案例来说服客户，就是为了达到让客户信服的目的。如果销售员列举的数据或是案例不真实，那么不但起不到相应的效果，反而还会给客户留下不实的坏印象，再想要重塑产品或是企业的形象、声誉，就难于登天了。因此，销售员要尽量多了解产品的信息，让自己的举例更真实，更能赢得客户的重视与信赖。

除此以外，销售员在运用数据举例的时候，最好不要用约数，这只会让客户感受到你的不专业，会对你的产品产生进一步的怀疑。

（2）事例要让客户值得信赖

由于现在"名人"代言出现的问题很多，大多数客户已经对名人的代言不如以前那么重视。相比之下，一些极具权威性的机构更能引起客户的关注与信任，比如：质检局、预防医学会等，他们做出的证明大都是经得起事实考验的。所以，在介绍产品时，销售员可以向客户展示一些关于产品这方面的报告，进而实现让客户心甘情愿地购买。

（3）罗列数据也要讲究方法

通常情况下，精确的数据着实可以增加客户对产品的信任。但是销售员一味地罗列数据，不仅达不到预期的效果，还会让客户眼花缭乱。况且单纯的数据罗列，会让客户感到你是在卖弄自己的学问，进而会对你的介绍感到厌烦。其实，数据说明只是我们实现销售的点睛之笔，要运用得当，适可而止，才能得到预期的效果。

想要让你的数据更具说服力，销售员首先就应该选对时机，在客户对产品质量产生疑虑时，列举数据可以达到说服客户的目的；其次，列举数据还要配合相应的手段，来证明数据的真实性；最后，销售员要明白，数据并不是一成不变的，它往往随着市场环境以及时间而不断改变。因此，销售员必须及时把握市场的变化，给客户提供最可靠、最有说服力的数据。

数据宜精不宜多，数据过多只会让客户晕头转向。

及时更新数据，确保所用数据真实可靠，否则客户会对你及你的产品产生怀疑。

权威机构或是影响深远的名人案例更能说服客户。

案例、数据一定要真实，不然会让你得不偿失。

销售员要知道，与销售员的口头介绍相比，客户更愿意相信专家的检测以及数据说明。因此，只有不断收集市场信息，找到对自己有利的案例以及数据，让客户信服，才能争取销售机会，让你的销售事半功倍。

问题之所以是问题，是因为高度不够

第七章

扫清爆单障碍之沟通无效

说客户听得懂的介绍

做销售就是做专业。对于销售员来说，在客户面前树立"专家"的形象是至关重要的。只有让客户感觉到你的专业形象，客户才会愿意与你沟通，信任你，进而相信你的产品。但是，凡事都要有一定的限度，专业也得适可而止。如果你在介绍产品的时候，专业术语满天飞，一味地卖弄自己的专业知识，让客户听不懂，那么客户还是不会乐意去购买你的产品。自然，你们之间的沟通就不会顺畅。

某办公大楼需要采购一大批的办公用品，其中信箱是一个重点用品，推销员山姆听说后找到了采购主管威廉。威廉向山姆介绍了公司每天会收到的信件的数量和对信箱的要求，山姆对威廉说："贵公司适合用CSI。"

威廉搞不懂什么是所谓的"CSI"，好不容易弄明白之后，山姆却又接连蹦出了"FDX""NOC""RIP""PLI"等一些自己搞不懂的词语，最后威廉听得不明不白，一头雾水。

最后威廉终于忍不住了，朝山姆吼道："你的话简直太荒谬了，让我一句都听不懂。我要的只是一个信箱，并非这些难缠的字母。不要浪费我的时间，现在请你马上离开这里！"

可想而知，最后山姆带着自己的产品，灰溜溜地离开了。

显示出自己的专业形象，固然很重要。但是张口闭口都是专业术语，在销售中，恐怕就不是一个上上之策了，殊不知这样只会影响双方的沟通。卖弄学问的后果，也只能是导致最终销售的失败。

销售员要知道，大多数客户都只是使用者，而并非产品的资深研究人士。他们往往听不懂专业术语。过多的专业术语，反而会让他们不能真正理解产品的价值，而且还会从内心深处产生压力，一旦客户产生压力，就会不自觉地疏远你，觉得你太傲慢，以至于华而不实。相信客户是不会再愿意与你打交道的。

试想，一位老实巴交的农民，会去购买一些自己不了解，说明书上一堆专业术语的肥料吗？毋庸置疑，他是不会去冒这个险的。如果过多地用专业术语解说产品，也许会有一些虚荣心强、怕别人瞧不起自己的人违心购买。要知道，这毕竟是少数。销售员要想提升自己的业绩，绝对不能寄希望于此。

那么，销售员应该怎样做，才会既能让客户明白产品的价值，又能让客户信服，达到两全其美呢？

（1）销售语言要浅显易懂

对于销售员来说，面对的大多数客户都是普通的消费者，他们并不了解过多的专业术语。因此，在与客户沟通中，尽量避免使用过多的专业术语，让客户听懂是关键。

如果产品的某种特性或功能很难表达出来，甚至是找不到合适的词语来表达，那么销售员就可以尝试着进行"翻译"，即利用一些寓言小故事、修辞、漫画等形式来表现出来。这样让客户一目了然，又不乏幽默生动。

一位年轻的数码产品销售冠军，在向同事传授经验的时候，讲道："掌握好产品的性能以及使用方法是关键，但是介绍产品也要有技巧。针对那些看起来很专业的人士，我会适当用一些专业术语来进行介绍，并且时不时地还会向他询问一些深入的专业知识，让他有优越感；而对于那些非专业人士来说，我会用另外一门语言来与他们进行沟通。比如，我在介绍电脑的双核处理器的时候，会这样说：'其实，电脑就像是我们平常的汽车一样，而处理器就犹如汽车的发动机。单核处理器就是指汽车只有一个发动机，相对地，双核处理器就是两个发动机。要想让汽车跑得更快点，那么自然你得选择两个发动机的汽车了。如果您购买电脑只是平常的家用，那么单核处理器的就可以了。倘若是想要玩一些大型游戏，或是进行一些高深度的使用，那么双核处理器就会满足您速度上的追求。'而往往这样通俗地说出来，客户理解了，自然是很乐意购买我的产品。"

（2）长话短说，简洁明确

销售员在与客户沟通时，要少说多听。沟通是一项双方互动的过程，如果销售员一直滔滔不绝，不给客户表达的机会，那么沟通就无法顺利实现。与客户沟通的时间是有限的，如果不分轻重缓急，直接将产品的所有信息都传达给客户，引不起客户的兴趣，反而会给客户造成心理上的巨大负担。客户拂袖而去也是可以预见的。

那么，如何用最短的时间，把产品的重要信息传递给客户，引起客户的兴趣，就成为与客户沟通的过程中最关键的问题。

针对这种情况，长话短说，语言简洁有力，就成为销售员在与客户沟通中的最基本要求。这就要求销售员针对客户的情况，合理安排不同沟通阶段的洽谈重点，有选择性地将客户最感兴趣、最关注的信息传递给客户。唤起客户对产品的兴趣以及继续沟通下去的欲望，你们的沟通才能够顺利进行下去。

当然，不同的沟通阶段，沟通的重点也是不一样的。这就要求销售员在洽谈的不同阶段，把握好不同的沟通重点。随着沟通的深入，客户了解的内容也是呈深入趋势。这样你们之间的沟通才会畅通无阻，才能卓有成效。

在与客户洽谈初期，销售员语言要简单扼要。尽量选择产品的一两个诱人的特征以及利益介绍给客户，目的是引起客户的兴趣，使洽谈能够继续下去。

不要不分轻重地将产品的全部信息都传递给客户，而是将最主要的表达出来，长话短说。

结合客户的特点介绍产品，你才能将沟通顺利进行下去。

（3）语言生动流畅，才有说服力

推销的过程，就是发现客户需求、激发客户购买欲望，并最终说服其购买的过程。如果在沟通中，销售员语无伦次，语言结结巴巴，前后不协调，客户怎么会信服你？又怎样信服你的产品呢？可以这样说，语言生动流畅，才会更有说服力。

一般情况下，能够打动客户的语言特点无非是这几种：活泼生动、有幽默感；容易使人产生联想并容易被记住；使人感觉舒服并可信、有说服力，抑扬顿挫，有声有色。

因此，销售员一定要掌握好清晰、流利的说话技能，同时要做到在介绍产品时表述连贯，前后衔接合理、逻辑清晰等，不然客户不仅会轻视你的能力，还会怀疑你说话的真实性。

虽然 95% 的人都相信专家，但是一味卖弄专业术语，你是不可能说服客户的，反而只会让客户感到晦涩难懂，造成交易的无形流失。因此，销售员应该懂得的一个最简单的常识就是，让专业术语生活化，用客户听得懂的语言来向客户介绍产品。

掌握 12 项倾听原则

有人曾做过这样一项调查,如果将失去一种感官,你会选择哪一种?视力?听力?触觉?嗅觉还是语言能力?最后的结果,大部分都会选择失去听力。

大部分人的选择证明了,在人们看来,听觉并不重要。而事实上,没有了听觉才是最悲惨的。盲人虽然眼睛看不到,但是可以通过别人的语言,还有自己的感受去领悟。也许他们看不到美丽的风景,但是在心里可以想象出很美丽的风景。可是如果失去了听力,只有眼睛看,是无法感觉到声音的美妙的,因为眼睛看到的是有限的,而且又听不到别人的描述。这样,就真正地生活在一个完全寂静的世界了。

没有亲身去感受过,我们永远不会明白听不到是多么的痛苦。乔·吉拉德曾欣赏过一场音乐剧,男主角的声音太美妙了,他每唱一首歌,都能够打动台下的所有观众。正当乔·吉拉德也沉醉在这美妙的歌声中时,一个人指着前排的两位老人说:"看,他们一定沉醉在儿子所得到的掌声中了。"

音乐会结束后,乔·吉拉德和他朋友与那场表演的导演聊天,乔·吉拉德说:"那两位老人一定很为自己的儿子骄傲。"导演听后,露出不解的神情:"乔,难道你还不知道吗?男主角的双亲是聋哑人,他们从来没有听过儿子美妙的声音。我第一次听到这件事的时候,是哭着回家的。"

听完导演的话,乔·吉拉德深深地感觉到自己能够听见是一件多么幸运的事情。是啊，能够听见，是一件多么幸运的事情。作为推销员，如果我们听不到，我们就不会知道客户的需要是什么，那我们的工作将无法进行。所以利用好我们的听力吧，向乔·吉拉德学习一下，怎样去做一个倾听者。

1. 倾听的时候，要把嘴巴闭起来。保持耳朵的清静才能听到客户在说什么，如果嘴巴不停地说话，耳朵能听见的，只有自己说的话。

2. 不要打岔。如果对客户的话有所质疑，要等客户说完了再提问。不可打断客户说话，这样会影响他思考的连贯性，同时，也会招致客户的不满。

3. 避免分心。不要在倾听客户说话的时候听歌、看手机，这会分散我们的注意力，使我们无法全神贯注地听客户说话。

4. 避免视觉上的分神。视线不要被办公室、商店或工作地点内外的其他景象所吸引，保持目光集中在客户身上。

5. 用眼睛"倾听"。在听客户说话的时候，要保持视线的接触，证明我们一直在听，同时，这也是礼貌的表现。

6. 用身体"倾听"。倾听还要肢体语言的配合，弯腰驼背表示听得不认真，所以要保持端正的姿势。要表示更专注时，可身体向前倾。

7. 用所有的感官来倾听。把握客户所说的每一个信息，调动所有的感官理解客户的话语，话要听全面。

8. 集中精神。在客户说话的时候，不宜有看表、抠指甲、抽烟等行为，这些行为都会影响我们的专注。

9. 避免外界的干扰。外界的干扰来自电话或者是他人的突然造访，应把这种状况的发生概率降到最低。

10. 当一面镜子。当客户微笑时，我们也要跟着微笑；客户皱眉头时，我们也要皱眉。

11. 别做光说不练的人。倾听客户不要仅仅停留在嘴上，要落实到实际的行动中。

12. 听懂弦外之音。从客户的一些小动作中"听"出弦外之音,例如,语调、暗示、尴尬、咳嗽、手势等。

这就是乔·吉拉德总结的倾听客户的 12 项原则,这些不但要记在心里,更重要的是付诸行动。

把握客户心理，你的话才能"戳心"

心理学家指出：人的外在表现是"内在自我"的延伸，外在表现从一定程度上可以透露出一个人内心的想法以及情感。因此，对于销售员来说，想要实现顺利销售，那么就应该练就察言观色，洞察人心的本领，善于从客户的着装、表情、言谈举止中分析并把握客户的心理，从而应对自如，销售得心应手。

（1）注意观察客户的穿着打扮

俗话说："人靠衣服，马靠鞍"，人需要用服饰来修饰，才会显示出其气度不凡、高贵典雅。一些成功的销售员常常善于观察，能从客户的着装上看出客户的购买能力、思想观念等。当然，观察客户的着装并不意味着销售员对待穿着华丽的客户，就上前巴结，对待衣着老土的客户就不理不睬。要知道销售员观察客户着装最根本的目的就是看出客户的购买力，以便于在销售过程中能为客户提供合适的商品以及服务，使客户满意而归，双方皆大欢喜，从而提高自己的销售效率。

比如，对于服装款式新颖，佩戴别致精美配饰的客户，这类客户往往生活宽裕，收入较高，在消费方面比较有品位，因此，销售员就应该为这类客户推荐一些较高档的产品以满足客户的需求；对于穿着普通的客户，销售员可以酌情根据客户的需求，为客户提供那些能够满足客户需求，并比较实用、优惠的产品，这样客户更乐于购买。

总之，服饰是一个人消费水平的表现之一，销售员应该全面、仔细地观察客户的穿着打扮，由表及里，洞察客户表相之下的真实情况，这样才能在销售中有的放矢，事半功倍。

（2）读懂客户的肢体语言

"一颦一笑，皆有深意"，一个人的肢体动作常常是人们心理活动的一种外在表现形式，也是销售员洞察客户心理的最重要的途径。想要准确判断出客户的消费心理，提高自己的销售效率，销售员就应该时刻从客户的肢体语言中了解到客户的真正意图，从而实现高效成交。

走姿。不同的人，走姿是有差别的。有的人昂首阔步，充满自信；有的人点头哈腰，谨小慎微。不同的走姿，往往能反映出客户不同的性格以及情绪。比如，昂首阔步的客户，一般比较自信，主观意识较强，但是有时会过于自信，销售员要以专业知识才能赢得这类客户的信任；步履匆匆的客户，办事注重讲究效率，但是有时会因为急躁而变得草率，易出现纰漏等，销售员要及时提醒客户，并做好售后工作，才能赢得客户的认可；走路缓慢，小心谨慎的客户，一般比较内向、害羞，属于"外冷内热"的人，销售员予以真诚对待，多点理解与关心，很容易就能感动客户。

坐姿。坐姿常常能反映出一个人的个性与修养，只要销售员多注意观察，那么很容易就会发现客户的购买意愿，及时予以准确回应，往往就能赢得客户的信任。例如，正襟危坐的客户，比较内敛，销售员只要用真诚的态度来突破客户的心理防线，那么很容易就能"俘虏"客户；双腿叠加，双手交叉放于腿上的客户，一般比较自信，喜欢表现自己的优越感，销售员只要对客户加以赞赏，满足客户的心理，客户就会欣然购买你的产品等等。

笑意。笑的种类有很多：大笑、傻笑、冷笑、苦笑，等等，不同的人微笑的方式是不一样的，但即便是同一个人，在不同的场景中，微笑也是有很大差别的。销售员要善于观察和分析，找到笑背后蕴含的真正含义，才能读懂客户真实的内心世界。譬如，轻笑，表示客户很高兴见到你或是对你的产品很感兴趣；苦笑，表明客户左右为难；皮笑肉不笑，表明你还没有赢得客户的信任。

（3）注意倾听客户的语言

在销售的过程中，客户的内心是隐蔽的，无法直接洞察的，想要了解客户的心理，那么销售员只有通过客户的语言。"言为心声"，说的也就是这个道理。当然，销售员可以从以下几点来倾听：

口头语。如果客户说"差不多""无所谓""随便"等词语，这类客户往往没有主见，销售员可以利用"肯定+赞美"法来让客户肯定自己的想法；"真好玩""太新奇了"等，常常表明客户对产品产生了兴趣，只要销售员进一步抓住客户的心理，就能成交；"比较不错""没问题"，往往是客户成交的前奏。

语气及语速。语气语调的变化，常常暗示着客户真实的内心世界，销售员要仔细体会，于细微之处发现客户的心理变化，才能够抓到别人抓不到的商机。比如，客户声音变大，语速变快，销售员就要以柔克刚，委婉地说服客户；客户说话变得慢声细语，这是有望成交的信号。

（4）仔细观察客户的表情

客户的面部表情也是一种无声的语言，客户的心理活动，常常也可以从这个方面表现出来。销售员可以通过对客户面部表情，比如，脸色、面部肌肉、眼神等方面观察，把握住客户心理变化的过程，有助于你实施相应的解决对策，实现成交。

例如，在与客户的交谈中，客户眉头紧皱，这通常是情绪不安或是不满的表现，销售员要及时停下来向客户询问具体原因，或是及时转移话题；如果客户红光满面，神采飞扬，说明客户对产品很感兴趣，很满意，只要销售员加以引导，那么客户就会很乐于购买。

　　总之，想要顺利实现成交，销售员要会察言观色，眼观六路，耳听八方，准确地把握住客户的心理，根据不同情况，采取不同的对策，如此才能在销售中如鱼得水，提高自己的销售效率。

传统工具记事本的妙用

> 在建立自己的卡片档案时,你要记下有关客户和潜在客户的所有资料……只要你有办法使客户心情舒畅,他们就不会让你大失所望。
>
> ——乔·吉拉德

销售人员要想使自己的业绩有一个良好的突破,最好的办法就是建立属于自己的客户信息库,即客户档案。优秀的销售人员都非常重视对自己客户信息的发掘和维护,充分累积和及时变更客户的有关信息,能够在第一时间发现客户的最新需求。在这种形势下,双方都能够较为持久地保持一种良好的接触状态,销售员搜集到与客户有关的各种资料并加以分析和研究就不必担忧对方会将自己拒于千里之外了。

对客户资料的搜集不仅是业务商谈前的幕后工作,在双方直面的沟通过程中也应当时刻留心客户透露给自己的信息。拜访中,销售人员及时记下客户的基本资料、产品需求、期望的服务特点、双方达成的约定、再次拜访的地点和时间等信息是极其重要的。这种看似平淡自然的记录却能够传递给客户很多暗示性的内容,例如,销售人员对客户所讲述的信息的重视、销售人员工作中的严谨态度、销售人员对这次合作的诚意等。

销售人员要养成随时随地搜集"情报"的习惯就需要随身携带记事本,记事本上记录着拜访中客户提供的资料,如果可以的话,最好将与业务有关和工作以外的情况都加以记录。一些销售人员会忽视客户工作以外的情况,这意味着浪费了很多值得利用的机会，对方的年龄、故居、曾从事过的职业、子女、旅行过的地方等都应该被列为有价值的销售情报。如果随身携带了记事本，就一定要充分地利用起来，一则避免遗忘，二则方便于日后的信息筛选。

乔·吉拉德曾经分享过在从事销售事业之初关于自己及时记录客户信息的故事。

他在发现搜集客户资料带给自己的好处后，便尝试着将更多的信息记录在随身携带的纸张上，回去之后放进抽屉。但是由于繁忙的业务和有限的精力，导致那些累积在抽屉中的客户资料无法得到很好的整理，有的甚至会在不断翻阅中丢失，有的会在客户取消合作后被意外地发现出来，还有的因为没有完善整理而将准客户在跟踪中丢失……客户这些信息的大量浪费让他意识到建立客户信息库的重要性。

乔·吉拉德买来笔记本和卡片档案夹，他决定自己动手创建客户档案。那些原本零散写在纸上的客户信息被他誊写在记事本中，而那个记事本则成为他以后拜访客户必须携带的物品之一。乔·吉拉德说："当你知道客户的好恶之后，你就可以引导他们高谈阔论。"在充满兴趣和尊重的交流之后，销售工作想不顺利几乎都是不可能的。

用记事本来记录客户的需求信息一般有三个步骤：

①在与客户的交流中专注认真，培养敏锐的眼光，及时捕捉对销售工作有利的信息，并记录下来。销售人员拜访客户时，切不可只是对自己的产品滔滔不绝地介绍，而应该学会聆听，把更多的时间留给客户。另外，销售人员应当谨遵"四到"原则，即"身到、心到、口到、手到"。

②对记事本上所记载的信息进行及时梳理，可以用不同的符号或颜色来表示价值的区别。及时"回头望"，能检查商谈是否达到预期中的目的、搜集到的素材是否全面，还能够有效总结出哪些信息是需要在下次沟通中获取的。

③尽量记录下确切的信息，遇到客户闪烁不定的言辞，销售人员可以用灵活的方式旁敲侧击，缩小模糊的范围。如果是几个销售人员共同参与的商谈，那么销售人员间的全面沟通非常重要，只有集思广益、共同合作，才能深入调查，达到最终的共同目的。

销售人员随身携带记事本，其作用主要有以下四点：

①牢牢把握客户信息。

要想多方位地把握客户需求，记事本上所记录的信息就成了最好的参考。客户的基本资料、交易记录、反馈记录和报价纪录无形中体现出直观的客户动态。留心分析这种动态趋势，能够预测出客户的购买意向。

②透视客户服务理念。

对于产品来说，它的构成因素包括质量和服务两大方面。服务的方式更加接近客户的情感层面，是值得销售人员重视的。详细记录下客户对服务的要求，便可以在服务内容、服务形式、服务重点、服务费用等方面做出策划。

③处处体现客户关怀。

所谓"攻心为上"强调的是照顾到对方的情感，体现出自身的人文关怀。关怀的体现需要有针对性、有侧重点，销售人员要明白，对客户的关怀中哪种形式属于"雪中送炭"，哪种形式属于"锦上添花"，而要想做到这些，前提就是对客户信息的了如指掌。

同时，经常性与客户沟通联系时，销售人员提升对方满意度的方法之一，是在客户的特殊节日（客户生日、周年庆等）发送相关的祝福或贺信以增加彼此的信任。

④降低客户投诉率。

销售人员记录下客户所重视的内容,在这些方面着重留心,能够避免不必要的客户投诉。如果销售人员发现客户非常关注售后服务的时效,那么便可以避免在客户提出需求后服务人员姗姗来迟的现象。

每个人都非常在乎自己存在的价值,客户也不例外。销售人员可以充分利用客户希望被重视的心理,在对方的言谈中表示出浓厚的兴趣,并将客户说出的信息及时、认真、端正地记录在随身携带的笔记本上。如此一来,不但将对客户的重视体现于外,更能够激发客户透露出更多信息的兴趣。而那些被记录在笔记本上的信息就变成了一幅有价值的地图,销售人员按照地图行走,终究可以达到期望中的目的地。

有"礼"走遍天下

> 一种内在的礼貌，它是同爱联系在一起的。它会在行为的外表上产生出最令人愉快的礼貌。
>
> ——歌德

如果说优质的产品和服务是创造销售价值的有力武器，那么标准化的销售礼仪就是无形的力量。无形的力量与有力的武器相结合必然能够塑造出销售员完美的形象，从而在销售之前就赢得客户的好感。

销售技巧已经被越来越多的人所关注，销售途径和形式的多样性使得客户在选购产品时有了更多更新的标准。曾经有人做过这样的市场调查，客户购买的已经不仅仅是商品的本身，更包括与之相关的外在和内在特质，归结起来主要包括三方面：质量、态度和服务。满足这三方面的要求需要销售人员将自己的素质和涵养融合在与客户交流的细节中。而作为基本表现形式的外在礼仪就显得尤为重要。

销售人员的基本礼仪主要包括：仪表礼仪、举止礼仪、谈吐礼仪、介绍礼仪、称呼礼仪、握手礼仪和通信电话礼仪等。这些基本礼仪是销售人员与客户交往中能够留给对方最初印象的要素，第一印象的优劣一旦形成，此后就很难改变。通常情况下，基本礼仪的规范与否可以作为交易成败的关键标准。以下简析销售人员的基本礼仪。

①仪表礼仪。

仪表礼仪主要包括容貌和衣着，这是销售人员与客户初次见面时首先呈现出的外在状态。仪表礼仪是否得当关系着能否赢得客户的好感和承认。

②举止礼仪。

字典中对"礼貌"做出的解释是：礼，礼节；貌，外表。良好的交际形象仅仅依靠着装打扮是远远不足的，要想在客户心中树立长远的良好形象，举止礼节非常重要。举止礼节是一个人内心状态的外在呈现，一个不经意的动作会显示出其为人处世的态度。因此销售人员应将不文明和不礼貌的习惯加以改正，以落落大方、彬彬有礼为最终的标准规范。

③谈吐礼仪。

介绍产品时，用清楚流利的话语来表达是任何一名销售人员的基本要求，没有良好的语言表达就无法将产品的优点传达给客户，因此合格优秀的销售人员都需要在遵循谈吐基本礼节的基础之上，主动掌握更多的言谈技巧和交流原则，提升自我表达能力。准确得体的措辞、恭谦文雅的语言，加上热情诚恳的态度，是销售员成功的秘诀。谈吐礼仪中有一个原则需要牢牢把握，那就是"三分说，七分听"。只有这样，才能对客户的需求有更深刻的理解。

其一，吐字清晰，语速适中，语音明朗，使用普通话。

其二，专心交谈，目视对方，手势得当，收放自如。

其三，用心倾听，语气柔和、切勿打断对方。

其四，了解客户的禁忌，在交谈时，尽量避讳客户不愿提及的内容。

④介绍礼仪。

介绍礼仪是销售员自我推销的重要环节。在自我介绍时，销售员可以涉及姓名、年龄、职业、单位、籍贯、经历、特长等内容。在具体操作中，如果因为时间因素的限制，销售员可以用轻松自然的自我介绍作为开场白。

介绍礼仪不仅包括自我介绍，还包括为他人作介绍。为他人作介绍的原则是：了解的优先权归属于尊贵的一方。介绍的先后次序如下：先将身份低者介绍给身份高者、将年幼者介绍给年长者、将男士介绍给女士。介绍时勿忘起立微笑。

⑤**称呼礼仪**。

销售人员在销售中会遇到各种各样的人物，在与各类客户交流时，称呼礼仪的重要性也不可忽视。"先生""女士"可以用来称呼初次见面不明身份的人；对于身份明确的人可以直接用身份名称来称呼，如"医生""老师""同学"等；年龄较长者用"叔叔""阿姨"来称呼。工作中，销售人员应当避免用代号或绰号相称，这会留给客户随意、散漫的印象。

⑥**握手礼仪**。

社交场合运用最广泛的礼节就是握手礼仪。销售人员与客户初次见面时，为了拉近与对方的距离，将亲切和蔼的气质体现出来，通常会握手示意。握手中一定要遵循礼仪规范，否则热情会被失礼所替代。

与客户握手时应当用右手，用力适度，时间上加以控制（一般情况下3秒钟即可），面带微笑，大方主动，双目注视，寒暄致意，可以给客户留下一个好的印象。

⑦**通信电话礼仪**。

在涉及业务合作时，信函和电话必不可少。信函和电话作为推销产品、建立感情的桥梁，是应该被销售员重视的，对于信函和电话也有着应该遵循的礼仪。

信函礼仪：规范整洁、格式正确、内容真实、字里行间透露销售员的热情与诚意，这样能够更好地打动客户。

电话礼仪：简明扼要、考虑客户立场、体现重视、用词礼貌，在话语间将销售员的素养和风度展示出来。

无论是一线的销售人员还是销售经理、销售总监，从细节着手遵守销售基本礼仪，才能够将优雅得体的言行举止呈现给客户，为双方的良好合作打下坚实基础。

销售员通常被客户看作是产品形象的代言人，他的一言一行都会让客户联想到产品质量和服务的优劣。文明礼貌的语言和行为对销售员来说十分重要，它会在客户心中产生一定的情感效应。规范标准的礼仪行为能够尽显销售员的良好素质，促进合作的进行。即使客户没有选购自己的商品，也会有向亲朋好友推荐的可能。相反，如果销售员在向客户推荐商品的时候言语僵硬、态度欠佳，或是有行为不当的现象，则容易挫伤客户的购买热情，即使对方原本有意合作，也会因为销售员行为礼仪的缺失而放弃。

销售员的行为礼仪符合规范标准，需要注重言谈举止中的细节。只有真正将对客户的尊重落到实处，双方交谈的过程才能顺利通畅，否则会影响客户对产品的满意度，也会使销售业务的洽谈效果大打折扣。销售员的行为礼仪主要包括：言语行为和体态行为两大类。

销售员通过言语与客户交流，这是双方沟通的主要形式。接待客户时，一定要注意语气的平柔缓和，平易近人的销售员总能够用最快的速度拉近与客户之间的距离。交流中言辞生硬、面无表情，则会产生与前者大相径庭的沟通效果。

例如销售员在向客户介绍某产品时使用"喂，怎么称呼你？""你到底想要什么样的产品？""你还想知道什么？"这类语言就会大大降低客户的购买欲望。但是，如果销售员使用标准的语言礼仪，例如"先生／小姐您好！请问您贵姓？""请问您想购买什么样的产品？我们这里有……""如果您有哪里不太清楚，请尽管吩咐"，想必就会产生截然不同的效果，这时客户便会怀着备受尊敬的心情来倾听销售员对产品的讲述。

销售员的行为礼仪涉及的方面很广泛，包括了每一个手势和每一个眼神。美好的体态能够将一个人的自信和教养表达出来，在举手投足间展现神采奕奕的非凡气质。销售员通常借助自身的体态动作来加强与客户的交流，体态动作符合礼仪规范就能够与客户进行无声的谈判，增强合作的可能性。行为礼仪以目光、微笑、站姿、坐姿、行姿、蹲姿为主要内容。

①**目光**。

眼睛是心灵的窗口，内心的机敏或消极都能够通过眼神传达给对方。销售人员应当很好地利用眼睛传情达意的作用，让眼神表达正确的、重要的信息，来为自己的诚恳加分。

在与客户的交流中，注视对方的双眼和前额能够让人感觉你是一个严肃认真的人，这样能够更好地把握话语的主动权。温暖、柔和的目光直视对方，能够传达出重视、诚恳的讯息。倘若目光游移不定或是锐利冰冷，则会给客户带来不舒服或被轻视的感觉。

②**微笑**。

微笑是一种让人难以抗拒的友好，任何人都可以利用微笑营造出温馨、热情的氛围。销售员与客户初次见面时，可以用微笑来化解对方的陌生感和抗拒感，在给客户留下美好心理感受的同时，又能将自身待人真诚的魅力展现出来。

微笑的要诀是发自内心，越是充满诚意的笑容，越能够带来愉快的气氛，感染对方。苦笑、冷笑和嘲笑都会让人觉得虚伪不可信任，心生厌恶之感。

③**站姿**。

我们常被军人器宇轩昂、挺拔优雅的站姿所打动,标准正确的站姿能够体现出精神、自然的心态,销售人员在站姿上应该注意以下几点:

其一,抬头、挺胸、收腹、提臀、下颌微收、中心稳定。

其二,面带笑容,目视前方,头摆正,嘴微闭。

其三,双臂自然下垂,手指自然弯曲(不可插兜或拨弄手指),两腿绷直,双脚距离与肩同宽。

其四,女销售员可用"V"字形或丁字步站姿,在保持形象的同时,可以更好地保持身体的平稳度。

④**坐姿**。

在与客户商谈时,保持温文尔雅的坐姿尤为重要,这不仅是自我美态的展现,更是尊重对方的表现。商务礼仪中公认的坐姿包括端坐和侧坐两种形式。标准的坐姿应该注意以下内容:

其一,入座要轻稳,神态应自如。女士入座时可将裙子略微收拢,不可在入座以后因为裙摆没有整理好而再度起立整理,否则会给人留下拖沓的印象。

其二,入座后保持头部端正,双目平视,上身平直。摇头晃脑、含胸驼背和前俯后仰的坐姿会给对方留下不好的印象。

其三,入座后双腿笔直向前,两膝不可分开,双脚并拢,脚尖向下,坐椅子的三分之一处,不可跷二郎腿或交叠双腿,否则会给客户留下不平衡、不牢靠的感觉。

其四,离座时动作应轻稳,站立后将座椅摆放到原位,切忌用力拖或推座椅,不可发出过大的声音。

⑤行姿。

轻盈稳健、优美潇洒的行姿能将人体的动态美恰到好处地展现出来。标准的行姿能给客户留下良好的印象，应注意以下几点：

其一，行走时面带微笑、目视前方、双臂自然摆动、挺胸收腹。

其二，女性可用一字步走出趋近于一条直线的轨迹，能够更好地显示腰身的优美；男士则要避免行走成一条直线的轨迹，应当是两条直线为宜。

其三，行走速度通常以男子每分钟108步~110步，女子每分钟118步~120步为标准步速。男士应体现出稳健利落，女性则要显示出节奏感和韵律感。

其四，无论何时何地，遇到客户都应当主动让路。

⑥蹲姿。

蹲姿是极其重要但常常被忽略的细节，蹲姿礼仪应当注意以下几点：

其一，双脚一前一后，双腿靠拢，自然下蹲。

其二，男士下蹲时，双腿间可有适当距离；女士下蹲时，时刻注意两腿靠拢臀部向下，尤其穿着裙装时，更要处处留心。

歌德曾说过："一种内在的礼貌，它是同爱联系在一起的。它会在行为的外表上产生出最令人愉快的礼貌。"由此可见，无论怎样标准的礼仪行为，都应当是发自内心的，是由内而外的自然散发，而不是仅仅依靠形式在支撑。掌握标准的行为礼仪能够使销售人员在与客户的商谈中赢得更多的成交机会。

正确提问，才能发现准确的需求

> 发明千千万，起点是一问。禽兽不如人，过在不会问。智者问得巧，愚者问得笨。人力胜天工，只在每事问。
>
> ——陶行知

在产品销售过程中，对销售人员来说，把握客户需求是成功销售的最关键因素。只有把握了客户的需求，才能有针对性地为客户提出解决方案。打个简单的比方，如果医生在没有诊断清楚病人得了什么病的情况下就开方拿药，必定是一名庸医，甚至会害死人的。同理，如果销售人员不了解客户的需求就开始报价和推销，与不了解病因就开药的庸医又有什么区别？这样做的结果无疑会徒劳无功，处处碰壁。

谁把握好了客户的需求，谁就有可能在竞争中胜出。可以根据需求的类别和大小，判定眼前的客户是不是潜在客户，值不值得销售，如果不是自己的潜在客户，就应该考虑是否还有必要再谈下去。而把握失误的客户需求，则会因判断失误而导致方向性错误，好比在黑暗中走路，既白费力气，又看不到结果。

《销售巨人》一书的作者尼尔·雷克汉姆曾经对提问与销售的关系进行过非常深入的研究，他认为："在与客户进行沟通的过程中，你问得问题越多，获得的有效信息就会越充分，最终销售成功的可能性就越大。"

第一位连任三届美国百万圆桌俱乐部主席的推销员，而且被誉为美国著名金牌寿险推销员的乔·库尔曼，其成功的秘诀之一就是通过正确的提问最大限度地发现客户的需求。当有客户对他的产品产生异议时，比如有些客户会说"你们这个产品的价格太贵了"，乔·库尔曼的做法通常不是急于去辩解，而是运用一连串的提问，如"为什么这样说呢？""还有呢？""然后呢？""除此之外呢？"等。

之后，乔·库尔曼会马上闭嘴，尽可能地让客户说，并总是以专注的态度倾听客户的回答。这种做法可以使客户有一种被尊重的感觉。但许多销售人员常常忘记这一点。要知道，"客户说得越多他越喜欢你"应是每个销售人都必须记住的警句。

正确提问是确保沟通有效的重要手段。因为很多客户在刚开始关注某一件商品时，往往都是运用试探性的话语进行交流，并不是发自内心的。而正确提问的好处在于，你可以挖掘出更多的潜在信息，更加全面地做出具有针对性的判断。

毋庸置疑，正确提问是最重要的沟通手段之一。同时，在专业销售技巧上也扮演着极重要的角色——通过正确的提问，销售员不但可以使客户因自由表达意见而产生参与感，而且可以利用提问技巧来获取所需的信息并确认客户的需求，甚至还可以主导客户谈话的主题。

于是，有人将一些真正优秀的销售人员比作有着丰富经验的老中医。因为销售人员必须掌握察言观色的技巧，而老中医讲究的是望、闻、问、切。两者虽有本质的不同，但从某种程度上来讲，却有着异曲同工之妙。所以，对于销售人员来说，必须学会根据具体的环境特点和客户的不同特点进行有效的提问。

如果说，一见到客户就滔滔不绝地说个不停的销售人员，让客户完全失去了表达意见的机会，往往使客户感到厌烦，那么，通过问许多问题让客户尽量发表真实的想法，必然能够发现客户的真正需求。

如果说，成功的销售取决于销售人员销售能力的高低，那么，提问的能力又决定着销售人员的销售能力。关键问题是，提问到底应该问什么？提问的作用又主要表现在哪些方面呢？

①正确提问，能够迅速了解客户的心理，及时判断客户的期望值。

试想一下，为什么很多销售人员在销售活动中总是处于被动局面，即使有些销售人员对自己所销售的产品了如指掌，也难以逃脱被客户穷追猛打、疲于应付、狼狈不堪的局面？

其实，真正的原因是因为这样的销售人员往往是在被客户牵着鼻子走，不懂得通过正确提问才可以引导客户照着有利于自己的方向走。通过恰当的提问，销售人员还可以从客户那里了解更充分的信息，从而对客户的实际需求进行更准确的把握。

例如，"您需要的是台式电脑，还是想笔记本电脑？""在产品方面，您最担心的是什么呢？外观、性能，还是价格？"等。

②正确提问，可以提升沟通能力，增强与客户的交流效果。

主动提问给了客户阐述他的想法的机会，可以使推销人员在获得的大量信息中总结、制订销售策略，从而更好地控制谈判的细节，以及今后与客户进行沟通的总体方向。

除此之外，一些经验丰富的销售人员总是能够利用有针对性的提问，如"您觉得怎么样呢？"或"关于这一点，您清楚了吗？"来逐步实现自己的推销目的。

所以，当客户不再冷冰冰地拒绝你的时候，你就可以通过巧妙的提问来获得继续与客户保持友好关系的机会。

③正确提问，能够提升客户的满意度，最大限度地获取客户的谅解。

如果说客户的满意度决定了销售的走向，那么提问的作用在于处理异议和为成交做铺垫。一般而言，当你对客户要表达的意思或者某种行为意图不甚理解时，最好不要自作聪明地进行猜测和假设，而应该根据实际情况进行提问。

在以客户为中心的顾问式销售循环中，只有通过正确提问，才能弄清楚客户的真正意图，然后根据具体情况，采取合适的方式进行处理，从而不断提升客户的满意度，最大限度地获取客户的谅解。

的确，在销售过程中，巧妙地向客户提问对于销售人员来说有着诸多好处。可能有人会说："我可以通过其他很多方法让客户开口说话。"但是，请不要忘记，要和他们建立信任、和谐的关系就没那么简单了。发现客户需求、购买程序以及控制销售过程最理想的途径，无疑是有效地对客户进行提问。

沟通，牵一发动全身

第 八 章

细节越小，订单越爆

不简单的售后服务

优秀的销售员，不仅要明白售后服务的重要性，而且要知道售后服务的基本内容。这样，才能做到心中有数，成功销售。

（1）售后服务的基本内容

销售员必须明白，做好售后服务不能只停留在口头上，更重要的是要落实在行动上。

售后服务归纳起来主要有两方面的内容：一是售后使用指导和回访；二是问题处理和疑惑解答。具体来讲，售后服务主要包括以下服务内容：

①帮助消费者安装、调试产品；

②根据消费者要求，给予有关使用等方面的技术指导；

③保证维修零配件的供应；

④负责维修服务；

⑤对产品实行"三包"，即包修、包换、包退（现在许多人认为产品售后服务就是"三包"，这是一种狭义的理解）；

⑥处理消费者来信来访，解答消费者的咨询。同时用各种方式征集消费者对产品质量的意见，并根据情况及时改进。

(2)做好售后服务

销售员在进行售后服务时,要做到"三要",即要热情、要快捷、要专业。

①热情

就是要态度好,要感谢客户提出意见和问题,不可不耐烦或表现出焦躁,要带着微笑面对客户的不满和抱怨,使客户的不满情绪在服务过程中得以释放,获得心灵的满足。这就要求销售员将客户的事情当作自己的事情来看待和处理,急客户之所急,让客户从精神上体会到"上帝"的感觉。当然,对于无理取闹、故意滋事的客户,也应区别对待,有礼貌地坚决回绝。

②快捷

就是对客户的疑惑和问题,反应迅速、调查处理及时,力争第一时间使问题圆满解决,不因故推脱搪塞,增加客户的烦恼和不满。因为只是态度好,却问无回音,久拖不决,客户同样会不满意。

③专业

就是售后服务人员要内行,要对产品和服务内容非常熟悉和了解,对所发生问题能很快找到原因,使产品短时间内恢复使用;对客户的疑问和求助,用浅显易懂的语言给予专业的指导和帮助。这一过程中要注意,不可用过多的专业术语,避免使客户更加不明白,不知所措。

同时,现场服务时还要注意要"礼、净、律"。"礼"即懂礼貌、谦和;"净"即保持服务产品和现场的干净整洁;"律"是严格按照服务程序处理,讲究职业道德,保证服务水平和质量。

销售员在做售后服务时,不仅要做到"三要",还要做到"三不要",即"不要推诿;不要和客户正面冲突;不要忽视客户的抱怨"。

①不要推诿

不要以各种借口故意拖延问题的处理,从而增加客户获取相关服务和补偿的困难，不要想着使客户知难而退，自认倒霉，事件不了了之。遇事推诿在服务过程中较为普遍，虽然收到了较好的短期成效，但也严重伤害了客户的感情，降低了客户的满意度，极易造成客户流失。当然，对一些不能很快明晰责任，客户又坚持己见的情况，有时也需要采用静置处理法，即通过一定时间的缓冲，使客户认识到其自身问题，最终使问题在双方都能接受的情况下圆满解决。但要注重方式和火候，避免矛盾激化。

②不要和客户正面冲突

服务过程中有时某些服务人员自视为专家，听不进客户意见和解释，甚至指责客户使用中的问题，使客户难堪，最终赢了官司，丢了客户。更为甚者，为了眼前利益，胡搅蛮缠，拒不承认自身问题，致使矛盾激化，很可能造成严重投诉或为严重投诉埋下伏笔。

③不要忽视客户抱怨

客户抱怨往往反映平时"看不到，听不着，想不全"的侧面问题，是对产品或服务不满的一种表现。如果不能及时应对，很易带来市场风险，导致客户流失，企业市场竞争力下降。

总之，售后服务应该多从客户角度考虑问题，多从企业长久发展的角度看问题，投入更大力量，真正使客户在使用产品的同时获得更多的享受和满足。

（3）售后服务带来客户忠诚

维系一个老客户比得到一个新客户付出的代价小得多。很多销售员醉心于追逐那种"追到新客户的兴奋"，而不愿意在他们已有的客户群身上花费更多的时间。殊不知，这样做正是"捡了芝麻丢了西瓜"。要知道我们当前的客户是我们今后生意的最好来源。维系好现有的客户，不仅能扩大当前的生意额，也能有效拓展新客户、新生意，达到事半功倍的效果。

要维系和发展任何人际关系都要付出相应的努力。我们不可能仅依靠我们的产品来永远保持客户的忠诚度。如今，能与我们的产品相竞争的同类产品实在太多了，如果我们要想在竞争中立于不败之地，只能向我们的客户提供一些别人不能提供的东西——特色服务。

①将现有私交关系的客户分出优先次序。把最忠诚的5个客户的电话号码存入我们电话的单键拨号功能内，以便我们在空闲的时候问候一下。这样做会不断提醒自己随时和他们保持联系，因为他们是我们的关键客户。我们只需按一个键，就可以打个电话问候一下，了解他们有什么新业务，看看我们能不能提供更进一步的服务。

②时时刻刻惦记着我们的客户。如果我们看到在报纸、杂志上有他们非常感兴趣的东西（包括关于业内新闻或客户感兴趣的体育和业余爱好方面的东西），随时给他们邮寄过去。每隔3个月、6个月或12个月（或任何其他周期）向他们寄封信，发布最新的产品开发信息。

③向客户寄去一张关于我们的产品或服务的调查反馈表。这种调查表有两个作用：一是给我们一个解决某些问题的机会，二是对于客户来说它又可以被用作一个销售工具。一个来自满意客户的调查表会打消一个目标客户的顾虑，使得目标客户完全相信我们的服务和所提供的产品。

④树立一个问题解决者的好名声。问题的出现对我们来说不是坏事，相反却是个机会。美国办公室和消费者事务协会所做的一项研究表明：抱怨之后得到满意响应的客户有70%最终会成为该公司最忠实的客户。

⑤了解我们客户的业务范围，想尽办法帮助他们。我们可以站在客户的角度为他们提高知名度或进行促销出谋划策。不论我们帮助客户做了些什么，这些都会对我们今后的销售活动有所帮助。

⑥在任何力所能及的方面帮助我们的客户——不管和我们的销售有没有关系。

让竞争对手"跑不出自己的手心"

所谓竞争对手，就是在某一行业或领域中，与你拥有相同或相似的资源。在销售中，大多数销售员在面对竞争对手时，常常会不知所措，以致与成交失之交臂。俗话说："知己知彼，百战不殆。"只有了解、掌握竞争对手的信息，你才能够有的放矢地向客户推销自己的产品。

试想，在推销过程中，如果客户问你："同一款式的产品，为什么你们的价格比××品牌的要高出很多呢？"而此时如果你不了解××品牌的产品，回答得支支吾吾，前言不搭后语，那么客户就会认为你不够专业，或是你的产品就是价格昂贵。如此一来，你又怎么能实现"虎口夺食"呢？

英国某化工公司生产的油漆是市场上最好的产品。在英国中部地区的某个小镇上，彼得负责为客户送货上门。随着业务的扩大，彼得开始看不起其中的一些小客户，因为他们每次要求的货都不多。因此，他逐渐改变了送货方式，除非公司的采购部给他赠送礼品或者请客吃饭，他才送货上门。

久而久之，客户觉得彼得的做法很过分，简直是目中无人，但是因为长期使用该公司的产品，信赖它的质量，所以一直没有更换产品。

这时，另一家油漆厂成立了，它的销售员很清楚市场情况以及客户对彼得的不满。于是开始和对彼得不满的公司联系，推销产品，并保证优质的服务。客户试用了新公司的产品，非常满意它的质量与服务。于是，大家都开始转向使用新产品。新油漆厂在彼得没有注意的情况下，迅速占领了市场。

在销售工作中，"半路杀出个程咬金"，抢走你嘴边的猎物，这种情况是十分常见的。由此可见，销售员要想成功实现成交，了解市场，掌握竞争对手的信息是重中之重。那么，我们应该怎样做到充分掌握竞争对手的信息呢？

把握对手的"亮点"——弥补差距

商场如战场，落后就要挨打。销售员要想在激烈的竞争中立于不败之地，那么就要及时了解竞争对手的优势。一方面为自己提供一定的借鉴与参考，另一方面要及时查找自己的不足之处，找出差距，进而弥补自身的不足。

当然，销售员应该从两个方面努力：一是竞争对手提供的产品更能满足客户的需求。产品能让客户以最小的代价获得最大的利润，销售员无法改变这种现状时，就要积极将产品上报给自己的上司，以便公司审时度势，提高产品的性价比。二是竞争对手的服务更齐全。那么，面对这种情况，销售员就应该加强自己的服务水准，提高服务质量，让服务在竞争中脱颖而出。

竞争对手的"软肋"——超越的契机

世界上任何事物都具有两面性，有其完美的一面，也有其不足之处。销售员了解对手的优势之后，同样也要注意竞争对手的缺点。原因是，往往这些缺点是销售员超越对手最好的契机。

当然，针对竞争对手的缺点，销售员千万不要嗤之以鼻，不放在眼中。要知道，对手的这些缺点说不定也存在于你的销售之中。因此，销售员首先要做的就是积极审视自己的产品与服务，是否存在同样的不足之处。在确定没有任何问题的情况下，销售员要及时抓住这个千载难逢的时机，主动反击，一鼓作气，利用好对手的缺点，在短时间内拿出优异的产品和服务，实现销售业绩的突破，趁机将对手远远甩在后面，以迅雷不及掩耳之势，占领市场。这样，你还会愁你的产品卖不出去吗？

共享客户资源——实现双赢

俗话说："众口难调。"生活中，常常由于人们意见多，纷争大，而无法满足每个人的需求。更何况，商场这个竞争激烈的地带，客户自身需求往往与产品的特点之间存在一定的差异，想要用有限的产品来满足无限的客户需求，可谓是难上加难。那么，销售员在面对这一矛盾时，应该如何有效解决呢？

这时，销售员就要及时借助竞争对手的力量了。原因是，自己与竞争对手的产品常常是可以互补长短的。如果你的产品不能满足客户的需求，那么不妨将客户慷慨大方地让与竞争对手。这样做，一方面能满足客户的需求，让客户感受到你的关切与真诚，增加客户的信赖，从而在下次有需求时，会首先考虑到你，甚至是为你带来更多的客户资源；另一方面，也会感动竞争对手，让其做出同样的选择。这样，你们就可以互通有无，实现双赢。要知道，多一个朋友，总比多一个竞争对手强得多。

小李和小王是两家不同品牌化妆品公司的老板，两家的公司毗邻同一条马路开设。由于公司整天面对面，且经营同类商品，大多数人会认为他们一定是生意往来上的"死对头"。但是事实却恰恰相反。两家生意不但红红火火，就连小王和小李私交也是甚好。那么他们的经营秘诀究竟在哪里呢？

究其原因，他们不仅善于察言观色，灵活运用各种销售技巧，更重要的是他们还善于共享客户资源，主动把客户介绍到竞争对手那里。小李的化妆品公司适合于油性以及敏感性肤质的客户，而小王公司的产品则是适合干性皮肤的客户。当客户光临的时候，他们就会主动帮助测试客户的肤质，如果客户的肤质适合对面竞争对手的品牌产品，那么就会主动介绍客户到竞争对手的公司去。就这样，双方互通有无，生意也是越来越火。

但是值得特别注意的是，有的销售员常常抱着一种"一山不容二虎"的心态，把竞争对手当成是一种威胁，甚至是敌人来看待。在销售过程中，不断对竞争对手进行贬低，甚至是进行恶意报复。要知道，在战场上，没有对手就没有英雄，商场中没有对手也就无所谓成就。这样做，只会适得其反，不仅不会抬高自己，反而还会增加客户的不信任，让客户拂袖而去。

所以，销售员要想比竞争对手更胜一筹，得到客户的青睐，不仅要充分了解自己的产品，最重要的是还要了解并掌握竞争对手的各种情况，改善自己的缺点，学习别人的优点。只有这样，在与竞争对手争夺客户资源时，你才能反客为主，化被动为主动，成为市场上的赢家。

极致细节服务让下单更轻松

"客户就是上帝。"这句话相信更多的是针对服务而言的，所以不仅不能只停留在口号上，更重要的是，必须以实际行动满足客户的最基本需求，让他们感觉受到了尊重。那么，如何才能使客户产生受尊重的感觉呢？

为客户提供畅销的品牌及能够满足客户需求的商品是毋庸置疑的，但仅仅做到这一步是不够的，还需要销售人员通过微笑服务、文明服务、诚信服务关注客户，真诚地关心客户。诚如奥斯特洛夫斯基所说："人生最美好的，就是在你停止生存时，也还能以你所创造的一切为人民服务。"

不过，无论是微笑服务、文明服务，还是诚信服务，都是从大方面来讲，只有销售人员从小事着手，立足细节，才能真正赢得客户。打个简单的比方，微笑服务、文明服务、诚信服务就好像高层制订的策略，但若没有具体细节的落实，再好的决策也只能是空中楼阁。只有基层执行有力，将每一件小事认认真真落到实处，才能体现优质服务的精髓。

①细节凸显人性化服务。

如果销售人员在服务中能够充分利用"细节"这一非常重要的附加作用，就会使客户感到他在某一方面受到了特殊待遇，从而增加对你以及你所销售的商品的信任度和忠诚度，进而凸显出人性化服务。

例如，在餐厅吃饭的客户，当他们将酒杯中的酒喝完时，服务人员能够及时将客户的酒杯斟满，客户会产生什么样的感觉？相比那些站着不动，需要客户自己动手斟酒的服务人员来说，客户从这种细微的动作中感受到的不正是一种人性化服务吗？

②**细节体现全方位服务**。

如果说细节就好像构成一个"面"的所有的"点"的话，没有"点"就没有"面"，那么关注细节体现出来的将是一种全方位的服务。所以，细节体现在服务的整个过程之中，需要销售人员全程关注。

例如，当你与客户成交一单生意之后，绝对不可以一"成"了之，还要及时收集反馈信息，了解客户的使用情况，做好为客户解决后顾之忧的准备等。

③**细节带来超值服务**。

一个关注服务细节的销售人员，不仅可以丰富自身知识，而且细节服务做多了，积累多了，就能从中总结提炼出许多好的精神，也能够使自己各方面的能力不断获得提高，并且这些能力始终属于自身，因此就更容易被发挥，更容易指导自己的工作。

当然，关注细节带来的还是一种超值服务。因为关注细节带来的是一种连锁反应，例如，当你关注客户需求时，必然会关注商品的价值，而关注商品的价值又需要关注商品的品质等，所以关注细节不仅有利于销售人员，对客户而言也是一种超值服务。

如今，许多销售人员十分重视服务过程中的细节，因为服务的细节是高水平服务的一种表现，它的魅力在于，在其他方面条件相当的情况下，谁能够提供更加周到、独特、能满足客户某种需求的超常规个性化的细节服务，谁就能因此感动客户，赢得客户，进而赢得核心竞争力，为企业带来良好经济效益的同时，也为自己创造更多的收益。

但是，细节服务并不是我们想象中那么简单，体现在一般人不容易想到或者服务中容易忽视的细枝末节上。所以，由于细节服务通常隐藏在水面之下，销售人员要做到恰到好处，得以适应客户需求，感动客户，是需要一定的水平的。

①必须用心去观察。

细节服务来源于销售人员对客户发自内心的、真挚的、全心全意的关心和奉献。只有当销售人员真正树立起精益求精、善于创新的服务精神，并用心去观察时，才能在具体工作实践中发现客户所遇到的细节问题，并在客户没有提出要求时就合理、快速地予以解决。

②必须具备高素质。

细节服务是满足客户潜在需求的最佳方式，只有对客户忠诚、服务意识强、技能水平高的优秀销售人员，才能为客户提供体贴入微的细节服务。如果销售人员没有从根本上提高自身素质，就不可能发现并灵活地处理好各种细节问题，不可能提供恰到好处的细节服务。

③必须灵活应变。

对于销售人员而言，首先要做到树立"服务无小事"的意识。因为只有在这种意识之下，才能及时抓住处理细节问题的时机，并灵活应变，见缝插针。

总而言之，只有立足细节，才能为客户打造最优质的服务。哪怕只是一个小小的细节，也可以提高客户满意率和忠诚度。销售人员要想在看不见硝烟的战场上立于不败之地，就必须关注细节，从点滴做起，将细节服务进行到底，将细节销售进行到底。

用细节点燃销售热情

缺乏热情，就无法成就任何一件大事。

——爱默生

对于销售事业来说，热情也是打动客户购买产品的一项重要因素。只有充满热情，才能感染客户，引起客户的共鸣。所以，成功的销售人员是始终充满热情的人。

一位中年妇女走进了一家汽车展销室，她说："今天是我的生日，我想送自己一辆蓝色单门式福特汽车，我只是在这里坐一会儿，而且我已经和对面的销售员谈好了，让我两个小时以后再去找他。"

"祝您生日快乐，夫人。"销售员热情地说，"您还有两个小时时间，请允许我在这段时间里给您介绍一种我们的蓝色单门式汽车。不过，在我介绍之前，请等我一分钟。我有必要送您这么漂亮的夫人一朵玫瑰花。"销售员说完，马上回办公室拿了一朵鲜艳的玫瑰花出来。

那位夫人非常感动地说："已经很久没有人给我送花了。"

闲聊当中，她对销售员说："刚才那个销售员真差劲！又没有热情，而且冷冷冰冰，以为我没有开车，就认为我买不起。然后，那位销售员还找理由说他要出去收一笔欠款，让我等他回来，所以，我就来你这里了。"

结果，当然是送玫瑰花的销售员成功地向那位夫人卖出了一辆单门式蓝色轿车。

不可否认的是，在销售当中，销售员把客户晾在一边，让客户受到冷遇，那么客户肯定会产生销售员"看不起人"的感觉，更别说向他买东西了。所以，在销售中，我们必须及时抓住客户流露出来的任何一个细节，并热情地招待每一位客户。

只有让客户感受到我们的热情，他才会接受我们和我们所销售的产品。只有我们拥有热情，才会有动力；只有有动力，才能做好每一件事情。尤其是对待客户的时候，因为没有客户愿意从一位阴沉着脸、态度恶劣的销售员手里购买商品。只有有了热情，销售才有可能取得成功。

太阳和风是好朋友，经常在一起戏耍。有一天，风和太阳比谁厉害，正好有一位行人路过，它们便比看谁能把行人身上的衣服脱掉。风首先鼓足了劲儿，吹出了一股凛冽的寒风，行人为了抵御寒冷，把身上的大衣裹得紧紧的；太阳随后微笑着发出热烈的光芒，气温不断上升，行人觉得暖意盎然，便解开纽扣，继而越来越热，便又脱掉大衣——太阳获得了胜利。

在销售中，客户都希望遇到"太阳"，所以我们在销售当中要用热情去感化客户的心灵。热情会使人感到温暖、亲切。这样客户会很自然地把我们当成朋友，就会很容易接受我们所卖的物品，所提供的服务。

向超是一位非常优秀的电视销售员，他的热情和负责的精神打动了来这里的每一位顾客。有一天，一位顾客来到他所负责的电视卖场挑选电视，向超便热情地问道："有什么可以帮助您的吗？"

顾客说道："我随便看看。"顾客看完卖场里所有的电视之后，没有看上任何一款电视，正准备离开。这时，向超热情地对他说："先生，这里没有您喜欢的款式吗？我可以帮助您挑选到满意的电视，我愿意带您去附近的商店里挑选，而且我还可以帮您砍价。"顾客同意了向超的请求。向超便带着这位顾客把周围所有的商店都看了一遍，但还是没有顾客喜欢的款式。

最后，顾客说道："谢谢你陪我看了这么多电视，我很感动，不过确实没有我喜欢的款式，我会把你的热情，告诉我的朋友，希望他们来买的时候有他们喜欢的款式。"

虽然那位顾客并没有从向超那里买到电视，不过，那位顾客把向超的热情传递给了他的每一位朋友，介绍了很多客户到向超那里来买电视。

热情是可以传递的。有时候，我们在销售当中费了很多力气，却什么也没有卖出去，但是不要气馁，我们仍然要热情地接待每一位客户，或许在我们不经意之间，就会把热情传递给某一位客户，客户再把热情传递给他的朋友，只有这样才会给我们带来长久的利益。

有一句古话说："只有划着的火柴才能点燃蜡烛。"火柴就是热情，蜡烛就是我们的客户。当我们充满热情对待客户的时候，身上散发出来的热情就会感染到我们的客户，也会让冷冰冰的蜡烛燃烧起来。不过，在我们增强热情的时候必须能够掌握以下五个细节：

①要强迫自己采取热情的行动

在我们销售的时候，要对我们所销售的商品进行了解，强迫自己对所销售的物品产生热爱的情绪。如果自己对自己的商品都没有一点兴趣，客户又怎么会购买我们所销售的商品呢？

所以，我们一定要对自己所销售的商品产生浓厚的热爱之情。当你对自己的商品充满兴趣的时候，就会感染自己的客户。试想一下，客户为什么要购买连销售人员都没有一点兴趣的商品呢？

②要及时反省

曾子曰："吾日三省吾身。"我们要以饱满的热情去迎接每一位客户，把我们最好的一面留给客户，当客户离开之后，我们也应该回忆一下刚才有没有什么地方做得不好，或者哪里做得不对，要学会自我反省。

③要传播好消息

工作中时常会遇到一些苛刻或者故意刁难的客户，难免会影响到我们自己的热情和积极性。当我们遇到这种情况时，要把好消息带给朋友，和他们分享今天所发生的乐趣，把不高兴的事情抛在脑后。

④用希望来激励自己

每个人的人生都会遇到低谷，在人生最低潮的时候要用希望来激励自己。当自己在工作中看不到未来，在生活中摸索前进的时候，不妨自己给自己希望，在黑暗中给自己光明，让希望带来热情，用热情去融化客户。

⑤做任何事都要充满热情

工作中，无论什么时候都要充满热情，哪怕是伪装的热情也会传递给客户良好的感觉。

热情是世界上最大的财富。热情能摧毁偏见和敌意，摒弃懒惰，扫除障碍。热情在销售工作中所占的分量为95%。我们必须真诚地热爱自己的工作，必须真诚地热爱我们销售的商品。如果连自己都不喜欢，凭什么让客户喜欢？

销售工作中，热情是对客户最好的笑脸，它能温暖客户的心灵。所以，始终保持热情是一名优秀销售员必须做到的。

时间都是规划出来的

"时间就是金钱"这句话用在推销员身上，是再合适不过了。推销员是和时间赛跑的人，能否有效地利用一天的时间，是提高业绩的关键。

顶尖的推销员之所以比普通的推销员优秀，是因为他们更善于利用时间。在相同的工作时间里，如果我们的时间管理能力是其他人的两倍，那么我们每天拜访的客户就是其他人的两倍，假设成交率相同，那么我们的业绩至少要比其他人多出一倍。

就如乔·吉拉德，他不会浪费一分一秒的时间在闲谈上，即便是吃午饭，他都会选择和客户在一起吃。为的就是有更多的时间来做推销。当别人都是九点钟踏进办公室时，他却在早晨七点已经到了办公室。

他对人说起早上七点到办公室的好处：比别人早两个小时，他可以不必排队用复印机和传真机，还可以打电话给工厂的客户服务代表，而且还能有时间调整一下前一天所做的日程表，等等。两个小时的时间，让他比别人事事都快了一步，甚至可以比别人早下班一个小时。

由此可见，一天的起步是很重要的。所以，我们每天开始工作的时间，最好早于其他人10分钟，虽然仅仅是10分钟，但是一年下来我们比别人多了48个小时。在多出来的时间里，我们不但可以高效地完成我们的任务，还能有时间对自己的工作作出规划与安排。这里，乔·吉拉德建议每一个推销员在时间安排上，应遵循下面三个原则：

1. 量化目标

量化目标就是使我们的目标更加具体，更加切实可行。我们可以把目标分为三个层次：

（1）短期目标：需要我们马上去达到的目标；

（2）争取达到的目标：这个目标需要我们通过不断地改进工作方法，提高自身的能力来实现；

（3）最终目标：最终目标也是理想目标，是我们为之付出努力，通过各种决策才有可能实现的目标。

量化目标之后，就需要我们按照自己的计划去实现目标。这期间，不管遇到什么困难与挫折，都要坚持下去，直到目标的实现。

2. 时间的合理分配

这一原则要求我们对自己的工作进行分类，分类的依据主要来源于客户。通常情况下，我们的工作可以划分成老业务、新业务和非业务。然后再根据工作的划分来规划我们的时间，做出我们的行动计划表。

这样我们工作起来，才会有条不紊，不会手忙脚乱。

3. 充分利用时间

（1）合理安排路线，节省时间和费用

销售员要对自己所负责的销售区域做到熟悉掌握，这样才能合理地安排我们拜访客户时所行走的路线。路线安排不合理，不但会浪费掉大部分时间，还会增加交通费用。这时，我们可以利用地图来确定我们的路线图，既直观，又简单。

（2）避免无效拜访

这是很多推销员都遇到过的情况，在拜访客户之前，没有事先做好沟通，导致自己到了客户的家门口或是办公室时，才知道客户有事情外出了，不但白跑了一趟，还浪费了大量的时间。有时是因为在电话里面没有确认好时间和地点，导致自己找错了地方，或者是错过了时间。

这种情况还是可以避免的。和客户在电话中预约后，最好再次和客户确定一下约定的时间、地点。不要怕客户会因此而感到厌烦，客户只会觉得你是一个做事认真的人。同时，也不要怕打电话给客户确定见面时，客户会拒绝你，就不经过预约直接去拜访客户。这样做表面上看似客户不得不见你了，其实效果往往不如意。

首先，不经过预约就直接去拜访，是不礼貌的行为。因为客户的时间是安排好的，我们的突然拜访，可能会打乱客户的计划；其次，万一客户真的有事情，就白白浪费了我们的时间。正确的做法是，当客户提出拒绝见面时，我们可以很礼貌地告诉客户，我们不会占用他太多的时间，只需要十分钟就好。或者，询问一下客户什么时候有时间，然后约在客户空闲的时候见面。

（3）善于利用琐碎的时间

我们的一天中，总会有不少琐碎的时间，比如，等公交车、等电梯、上厕所等，这些琐碎的时间往往都是我们不在意的，不知不觉就被我们浪费掉了。倘若能够利用起这些琐碎的时间，所产生的成果也是非常可观的。

许多推销员都习惯了在这些琐碎的时间里面，想一些和工作无关的事情，或是和同事聊一些工作之外的话题，这样时间就浪费掉了。其实，我们可以利用等车的时间，来计划一下我们一天的工作，或者在脑海里面过一遍关于产品的知识，甚至可以利用这些琐碎的时间给客户打个电话。

把这些时间都利用起来，无形中我们又比其他的推销员多工作了几十分钟，甚至是一个小时。

（4）热衷于长时间地工作

顶尖的推销员在工作起来的时候，都有一个共同的特点，就是像一个疯子，或者可以说是工作狂。他们有着惊人的活力，可以从清晨一直工作到深夜，他们在工作中，不分白天晚上，只有不断向前。

成功不是一件简单的事情，我们既想要像普通人一样按时上下班，不错过任何一个精彩的电视节目，又想要成为顶尖的人物，这基本上是不可能的。没有成就不是通过汗水换来的，所以，想要成为一个成功的推销员，就要挤出更多的时间来工作。

一生中最宝贵的就是时间，在有限的时间内，能用来工作的时间更是少之又少。因此，合理地规划时间，对于每一个想要成功的推销员来说，都是必不可少的一项环节。

细心带来信心

我们对自己抱有的信心,将使别人对我们萌生信心的绿芽。

——拉劳士福古

一位年轻人,因为一次偶然的工作失误,受到了很大的打击,不但在工作中丧失了激情,甚至开始迷惘和彷徨。年轻人的父亲看在眼里痛在心里,实在不忍心自己的孩子继续这样堕落下去,于是他建议孩子去山上的寺庙里找一位老和尚寻求解决之道。

年轻人在父亲的一再督促下上了山。刚推开寺庙的大门,他便看见一位正在独自下棋的老和尚。年轻人上前说道:"我现在好像一个废人,做什么都不行,您能告诉我应该怎么做吗?"

老和尚说道:"那你为什么不去做呢?"

"在工作中我总是失误,感觉自己好像什么也做不了。"年轻人无奈地摇了摇头。

老和尚抬起头看了年轻人一眼,只见年轻人一点精神也没有,垂头丧气,好像世界末日将要来临。于是,老和尚随手拿起放在旁边的一个小茶壶,并对年轻人说:"虽然这是一把普通的小茶壶,却可以卖很多钱,你把它拿到集市上人最多的地方,但无论别人出多少钱,你都不要卖。"

年轻人半信半疑,但还是按照老和尚交代的方法来到了集市最繁华的地方,并找了一个不起眼的地方蹲下来。可是,那是一把很普通的小茶壶,根本没有人把它放在眼里。

一个小时，两个小时……一个上午的时间很快过去了。下午，虽然有几个人在年轻人面前顿了顿，但也没有开口。

然而，就在一天的时间快要结束，年轻人快要彻底失望的时候，一个赶路的商人给出了200元的价格。年轻人惊喜之余，还是想起了老和尚的话，于是，坚定地告诉商人："不卖。"

第二天，那把小茶壶的价格已经涨到500元了。

年轻人去找老和尚，老和尚说："你把小茶壶再拿到古董交易市场去卖，但还要记住，无论多少钱都不要卖。"

年轻人把小茶壶拿到古董交易市场。三天后，渐渐有人围过来问。接着，问价的人越来越多，小茶壶的价格已经相比集市上的价格翻了好几倍，但年轻人还是坚定地说："不卖。"愈是这样，人们想要看个究竟的好奇心越强，继而小茶壶的价格被抬得越高。以至于到了最后，小茶壶的价格竟然达到了上万元。

年轻人再去找老和尚，老和尚说："一个普通的小茶壶都可以卖到这么高的价格，更何况是一个人呢？如果你相信自己能够走向成功，相信自己能够创造奇迹，你就能获得成功。一个人的最终结果如何，取决于他有没有超强的自信心。"

自信是成功销售的前提，因为自信能够战胜挫折，自信可以获得机遇。强烈的自信是成为一名优秀销售员的前提，因为脱离了自信，我们就没有办法去迎接激烈的市场挑战，即使我们很能说、很能干，都很难把产品卖出去，更没有办法去摆脱逆境的束缚，也就很难赢得机会与成功。

心理实验表明，一个没有强烈自信的销售员，不是自卑心理太重，就是具有太多的畏惧情绪——害怕自己干不好销售，害怕自己遭到客户的拒绝，害怕卖不出去产品，害怕没有业绩，害怕老板批评，害怕被社会淘汰……

其实，对于任何一个销售员来说，没有卖不出去的产品，只有卖不出去产品的人。想要成为一名卓有成效的销售员，往往需要学习很多知识、方法与技巧，我们必须依赖自信才能使销售真诚可靠，也必须依赖自信才能使销售得到客户的支持。

通常情况下，往往越是惧怕的事情越容易发生。自卑感和畏惧情绪是阻碍我们建立自信心的最大屏障，我们必须想尽一切方法克服自卑心理和畏惧情绪，并彻底清除。否则，我们无法以一种超然的姿态正确对待销售工作中所遇到的问题和困难，而最终等待我们的只有失败。

相信"尼克松"这个名字对我们很多人来说并不陌生。不过，让人想不到的是，即使这样一位非常了不起的人物，竟然在1972年竞选美国总统期间，为了使自己能够连任总统，让手下在对手办公室里安装了窃听器。

经过这一连串的不光彩事件之后，或许很多人会认为尼克松不会再做出什么蠢事。可是，尼克松接下来的一些举动，还是让很多人失望了——事发之后，尼克松不但阻止相关人员进行调查，而且将责任推得一干二净。

最终，本来稳操胜券的尼克松，在选举胜利后不久便被迫辞职。而尼克松的惨败正是缺乏自信所导致的——由于以前经历过的几次失败对尼克松造成了很大的心理影响，所以在他极度担心再次出现失败的前提下，对自己完全失去了信心，从而鬼使神差地干出了后悔终生的蠢事。

爱默生曾经说过："自信是成功的第一秘诀。"对于销售员而言，做好销售的第一要务是培养自信心。因为缺乏自信的销售员往往会让人反感，甚至会使客户觉得是在浪费自己的宝贵时间。那么，客户也绝不会向一个心里充满畏惧情绪和恐惧心理的销售员购买任何商品。

自信是一切行动得到落实的原动力，当我们遇到挫折和失败的时候，它会带领我们勇敢面对，从失败中看到胜利的曙光，使我们的心中永远只有成功的希望、充分的自信以及必胜的信念。

然而，虽然有很多销售员听过或者也看过不少培养自信方面的课程或是书籍，社会上却依然存在的诸多失败者，让我们不得不相信只有抓住建立自信心的细节方法，才能长期稳定保持这种巨大的能量，并能随心所欲地使用。

我们可以这样培养自信心：

①从内心深处真正地相信自己所销售的商品能够给客户创造更多的价值。

如果说销售的过程就是说服客户购买的过程，那么销售的实质就是以信心的传递与客户进行情感交流。所以，客户通常会通过销售员的表现来判断商品的价值。如果销售员能够使自己真心地相信所销售的产品能够给客户创造价值，那么客户就能够通过销售员在解说产品时的兴奋情绪而感受到产品的价值需求。

②尽可能通过各种渠道搜集更多的信息，掌握客户的潜在需求。

一个优秀销售员的自信更多的是来自分析、了解和知己知彼。换句话说，销售人员应该了解客户每一个时间段、每一个季节的不同需求，及其愿意为此付出的成本，从而明确自己应该提供哪些服务或商品。

③使自己拥有稳定乐观的情绪，在外界的影响下依然镇定自如。

对于一个没有自信的销售员而言，建立自信的最快捷的方法就是在心中不断地告诉自己："我是世界上最伟大的推销员，虽然我不是最棒的；我要用全身心的爱来迎接今天，虽然有很多人不用睁眼看我；我要坚持不懈，直到成功，虽然还有很多客户会将我拒之门外。"

事实上，任何人都可以成为一名销售高手，关键是很多刚进入行业的销售人员在面对客户时能否用强烈的自信去征服他们。

自信是一个优秀销售人员的必备素质，而不是孤芳自赏，得意忘形；自信是卓越者与平庸者的分水岭，是战胜自己、告别自卑的唯一途径；自信是销售人员取得成功的基石，需要我们以高昂的斗志、充沛的干劲迎接每一次挑战。

在睁开的眼睛面前,没有困难